Moni über Marlies:

Was mir zur „Dienstältesten“ einfällt?
Als Mitbegründerin der „RHINOZEROS-Spiel- und Kulturwerkstatt e.V.“ hätte sie schon immer eine Vorliebe für alles, was mit Tanz, Musik und Spiel zu tun hat. So haben in den vergangenen, nun fast 10 Jahren Generationen von Kinder- und Jugendgruppen bei ihr das Tanzen gelernt. (Momentan wird gemunkelt, man könne sogar bald bei ihr die große Kunst des Bauchtanzens erlernen.) Wo sie auftaucht, kommt was in Bewegung und selbst zu Hause tanzen ihr vier Männer auf dem Kopf herum. Und hätte die „kleine, große Dame des Tanzes“ (fast 1,61 Meter) Fred Astaire schon früher getroffen, sicher wäre sie diejenige gewesen, die mit ihm beim „Dancing in the rain“ klatschnaß geworden wäre...!
Marlies Beermann ist Mitautorin der „Mini-Spielekartei (im ÖKOTOPIA-Verlag erschienen).

Marlies über Annette

Annette Breucker, kurzhaarig und blond, ab und zu mit einer andersfarbigen Strähne aufgelockert, spielt leidenschaftlich gern und unterbricht diese Tätigkeit nur kurz für die Geburt ihrer zweiten Tochter (oder sollte es doch ein Sohn werden? — Stand: Juni ’91).

Annette arbeitet seit 1986 für die RHINOZEROS — Spiel- und Kulturwerkstatt e.V. Neben Fortbildungen im Bereich „Spiel“ für Menschen in pädagogischen Arbeitsfeldern ist es Annettes Spezialität, Spielketten zu bestimmten Themen zu entwickeln, um sie dann direkt mit Kindern zu spielen. Durch diese Arbeit sind auch einige Kinder-Mitspiel-Theaterstücke entstanden, die bei RHINOZEROS gebucht werden können.
Annette ist Autorin von „Da ist der Bär los“ und Mitautorin der „Umwelt-Spielekartei sowie der „Kinder-Spielekartei“ (alle im ÖKOTOPIA-Verlag erschienen.)

Annette über Monika

Tja, also die Moni! Gar nicht so leicht, etwas über eine Kollegin auszusagen. Ich versuch’s einfach mal.
Also: Monika (genannt: „Moni“) Gsella ist 32 Jahre alt, recht groß und nicht gerade auf den Mund gefallen. Sie ist seit fast 10 Jahren Mitarbeiterin der „RHINOZEROS — Spiel- und Kulturwerkstatt e.V.“ und hat natürlich eine besondere Vorliebe gerade für’s Tanzen, aber auch für Pantomime, darstellendes Spiel und Puppenspiel. Sie ist Autorin des Buches „Jetzt lassen wir die Puppen tanzen“ (erschienen im Burckhardthaus-Laetare Verlag).
Moni ist Mutter einer einjährigen Tochter namens „Clara“ (genannt: „Käthe“, warum weiß keiner so genau).

Wie Ihr die Kartei benutzen könnt

Diese Kartei besteht aus 22 Spiel-Rubriken. Jede Rubrik umfaßt in der Regel 8 Spiele und beginnt mit einer Vorkarte, die das Thema der Spielideen kurz beschreibt. Einige Rubriken erschienen uns jedoch so umfangreich, daß wir die Anzahl der Spiele erhöht haben, sodaß z.B. in der Rubrik „Tanzen, bis es dunkel wird“ 24 Spielideen zu finden sind. Dagegen enthält beispielsweise die Rubrik „Musikalische Spielreisen“ 2 Spielideen, die auf 8 Karten beschrieben sind.
Die Kartei ist so gegliedert, daß der Schwierigkeitsgrad der einzelnen Rubriken allmählich zunimmt.
Also — EinsteigerInnen ins Thema „Musik-Tanz-Spiel“ sollten vorne beginnen!
Auf den allerletzten Karten sind schließlich Musik- und Literaturtips vermerkt.

Für wen ist diese Kartei geschrieben?

Die Musik- und Tanz-Spielekartei ist für Leute geschrieben, die in der praktischen, pädagogischen Arbeit mit Gruppen tätig sind: in Kindergärten, Eltern-Kind-Gruppen, Kindertagesstätten, Sportvereinen, Jugendverbänden, in der Grundschule u.s.w.
Darüberhinaus sind die Spiele abgewandelt auch in Erwachsenengruppen einsetzbar, bei Festen jeglicher Art und vor allem bei Menschen, die Spaß an der kreativen Arbeit mit Tanz und Musik haben.

Die Autorinnen haben keine musikalische Ausbildung, sondern aufgrund der langjährigen, spielpädagogischen Arbeit mit Gruppen hier gesammelt, was sie zum Thema Tanz- und Musikspiele entwickelt haben.

Die meisten Spiele haben einen sehr bewegungsreichen Charakter, deshalb ist Voraussetzung für die BenutzerInnen, daß sie sich selbst gerne bewegen.

Ökotopia Spielevertrieb und Verlag

Spielversand: Unser Versand hat sich auf Spiele mit politischen Inhalten (Schwerpunkt: Umweltspiele) und Spiele für die pädagogische Gruppenarbeit mit Kindern, Jugendlichen und Erwachsenen spezialisiert. Fordern Sie unseren kostenlosen Versandkatalog an!
Verlag: Wir verlegen Gesellschaftsspiele, pädagogische Praxisbücher und Bilderbücher und suchen ständig Autoren.
Spielseminare: Wir bieten uns interessierten Einrichtungen und Veranstaltern als Referenten für Spiel- und Theaterwerkstätten an.
Weitere Aktivitäten: Wir führen als Referenten Seminare zu zahlreichen ökologischen Themengebieten durch. Wir verleihen Spielausstellungen und beraten Sie gerne. Außerdem sind wir immer daran interessiert, Ausstellungs- und Verkaufsstände auf Umwelttagen, päd. Fachtagungen etc. zu machen. Fragen Sie an oder informieren Sie uns bitte!
Wir freuen uns auch, wenn Sie bei Ihren Seminaren oder sonstigen Veranstaltungen unsere Materialien vorstellen und gegebenenfalls auch verkaufen wollen. Rufen Sie an und machen Sie einen Termin mit uns aus. Wir werden dann mit Ihnen gemeinsam geeignetes Material auf Kommission zusammenstellen. Einzige Einschränkung: die Materialien müssen bei uns abgeholt und abgerechnet werden.

2. Tanzen, bis es dunkel wird I (JETZT...)

„Tanzen, bis es dunkel wird“: hinter diesem Titel verbergen sich drei Rubriken, in denen die ersten, einfachen Tanzspiele für Anfänger-Innen zusammengestellt sind. Jede, im Tanzen unerfahrene Klein- und Großgruppe, findet hier viele neue Ideen für den Einstieg ins Tanzen.
Dabei geht es nicht darum, Kindern feste Tanzschritte beizubringen. Der Ansatz ist vielmehr ein spielerischer. Mit leichten Tanzspielen soll versucht werden, bei Kindern den Spaß an Musik und Tanz zu wecken.
Gleichzeitig erfahren sie ihren Körper im Tanz, spüren ihre eigenen Möglichkeiten und Fähigkeiten und erleben einen ersten Einstieg in die Vielfalt tänzerischer Darstellungs- und Ausdrucksmöglichkeiten.

Diese drei Rubriken bauen aufeinander auf. Der Schwierigkeitsgrad der Spiele steigert sich zum Ende der dritten Rubrik hin.

Doch: JETZT ... GEHT'S? LOS! —:

Schütteltanz

Gruppierung: ab 5 Kinder

Material: Hut mit leise rappelnden Gegenständen (Glöckchen, Kronkorken)

Musiktip: Trommelmusik

Ein Schütteltanz gehört unbedingt an den Anfang mehrerer Tanzspiele, damit alle Körperteile einmal richtig gelockert werden.
Die Spielleitung hat den Schüttelhut auf dem Kopf und beginnt, ein Körperteil auszuschütteln. Nach einer Weile zeigt sie ein neues, schüttelndes Körperteil. Alle Kinder schütteln mit.
Gibt die Spielleitung den Schüttelhut weiter, zeigt ein neues Kind, welches Körperteil ausgeschüttelt wird.
Zum Schluß wird der Schüttelhut hochgeworfen; das ist das Zeichen für ein Schütteln des ganzen Körpers.

Anmerkung:
Die Spielleitung sollte auf eine gewisse Gleichmäßigkeit beim Ausschütteln achten.

Gruppierung: 7-30 Kinder

Material: evtl. kleiner Beutel Federn und Betttücher

Musiktip: Köln-Concert, Keith Jarrett, Andreas Vollenweider

Federleicht

Zur Anschauung zeigt die Spielleitung den Kindern einen Beutel Federn, mit denen sie ein wenig spielen können. Da Federn sich aufgrund der Schwerelosigkeit fast im Zeitlupentempo bewegen, ist es eine interessante Spielaufgabe für Kinder, dieses langsame Tempo nachzuvollziehen.
Jeweils zwei Kinder spielen zusammen, eines ist die Feder, die von dem anderen Kind durch Pusten oder leichtes Stubsen fortbewegt werden soll.

Variante des Spiels:
Ein Kind schüttelt das Kissen (ein Bettuch) auf und ganz viele „Federn“ (Kinder) fallen heraus; d.h. die Kinder purzeln unter dem Bettuch hervor. Je fester das Kind schüttelt, um so mehr bewegen sich die „Federn“-Kinder.

2.3 Tanzen, bis es dunkel wird I

Bandsalat

Gruppierung: 15 und mehr Kinder

Material: -

Musiktip: mäßig, schnelle Musik (z.B. „Die kleine Nachtmusik" von Mozart)

Musik-Tanz-Spielekartei
Spielwerkstatt Rhinozeros
und Ökotopia

Für dieses Tanzspiel benötigt die Spielleitung einen Plattenspieler, bei dem die Geschwindigkeit fließend zu verstellen ist.
Jede/r hat bestimmt schon einmal probiert, wie es sich anhört, wenn eine Platte doppelt oder halb so schnell läuft wie normal. Doch Achtung: zu oft probiert, schadet der Platte! (es kann auch eine Cassettenaufnahme davon gemacht werden.)
Die Spielleitung legt die Platte auf, es ertönt die Musik bei normaler Geschwindigkeit. Alle Kinder sollen sich dazu im Raum tänzerisch bewegen.
Doch was ist das? Plötzlich hört man dieselbe Musik doppelt so schnell und alle zappeln und tanzen so wild sie können. Jetzt wechselt die Geschwindigkeit wieder. Nun ist die Musik so langsam, daß alle fast wie in Zeitlupe tanzen.

2.4 Tanzen, bis es dunkel wird I

Auf ein Zeichen

Gruppierung: 10 und mehr Kinder

Material: -

Musiktip: Zirkusmusik, A. Vollenweider oder auch Klassik, z.B. Walzermusik

Jedes Kind sucht sich eine/n PartnerIn. Die Paare stehen mit ein wenig Abstand (ca. 1 Meter) mit dem Gesicht zueinander. Ein Kind jeden Paares hat nun die Aufgabe, das gegenüberstehende Kind durch Zeichen zu bewegen.
Zum Beispiel: die Hand auf und ab bewegen bedeutet: auf der Stelle hüpfen; die Hand nach rechts bewegen bedeutet: das Gegenüber soll nach rechts tanzen; ein kreisender Zeigefinger bedeutet: sich auf der Stelle drehen usw.
Nach einiger Zeit wechselt der/die DirigentIn. Ist die Aufgabe ausreichend verstanden und geübt, wird Musik eingespielt. Zu Anfang sollte es langsame, später auch schnelle, rhythmische Musik sein.

Variante des Spiels:
Ein Kind ist BallettmeisterIn. Die übrigen Kinder stehen ihm/ihr gegenüber auf Abstand nebeneinander in einer Reihe. (Abstand: ca 2-5 Meter). Der/die BallettmeisterIn bewegt nun zur Musik die gesamte Tanzgruppe und schon tanzt ein riesiges Ballett. Das dirigierende Kind sollte mehrmals wechseln.

2.5 Tanzen, bis es dunkel wird I

Pusteblume

Gruppierung: 15 und mehr Kinder

Material: —

Musiktip: langsame Musik, z.B. von Kitaro

Alle Kinder stellen sich in der Mitte eines großen Raumes eng zusammen. Die Spielleitung erzählt ihnen, sie seien eine dicke Pusteblume, die auf einer großen Wiese steht.

Nun wird Musik eingespielt. Die „Blüte" fängt an, sich im Wind zu bewegen. Die Spielleitung oder ein Kind tanzt von außen auf die Pusteblume zu und bläst kräftig in die Blüte hinein. Schon lösen sich einige Blütenteilchen und tanzen, bis sie schließlich zu Boden fallen. Jetzt bläst die Spielleitung ein weiteres Mal. Der Pusteblumentanz ist zu Ende, wenn alle Blütenteilchen den Boden erreicht haben.

2.6 Tanzen, bis es dunkel wird I

Kurven

Gruppierung: 10-40 Kinder

Material: —

Musiktip: z.B. von Rondo Veneziano

Die Kinder sollen sich beim Tanzen vorstellen, daß sie immer wieder Kurven gehen müssen, weite, enge, schnelle und langsame Kurven nach rechts und links. Schließlich finden sie sich zu zweit zusammen und alle Paare stellen sich an die Wände des Raumes. Das erste Kind geht in Kurven zur Musik zu einer anderen Wand. Dann soll das zweite Kind auf genau dem gleichen Weg folgen.
Anschließend wechseln die beiden die Rollen.

2.7 Tanzen, bis es dunkel wird I

Der Zauberer kommt

Gruppierung: 7-30 Kinder

Material: Zauberstäbe, Laternenstöckchen o.ä.

Musiktip: schnelle, rhythmische Musik

Ein Schaufenster voller Schaufensterpuppen wird nachts vom Zauberer besucht.
Die Schaufensterpuppen stehen starr im Fenster. Wenn die Musik ertönt, betritt der Zauberer den Raum. Er berührt mit seinem Zauberstab einzelne Körperteile der Schaufensterpuppen, die dann zu tanzen beginnen.
Hat der Zauberer erreicht, daß das ganze Schaufenster in Bewegung ist, verzaubert er die Körperteile der Puppen wieder zum Stillstand.

Anmerkung:
Ist die Spielgruppe größer als 9 Kinder, so sollten immer mehrere Zauberer tätig werden. Ein Zauberer hat bei diesem Spiel viel zu tun.

2.8 Tanzen, bis es dunkel wird I

Wir sind dicke Luftballons

Gruppierung: ab 7 Kinder

Material: —

Musiktip: ruhige, langsame Musik

Da Kinder sich gut vorstellen können, wie sich Luftballons bewegen, sollen sie zu diesem Tanzspiel wie dicke Luftballons herumtanzen.
Die Kinder kauern sich zusammen und sind ganz klein. Zunächst pustet die Spielleitung die Ballons pantomimisch auf. Bei jedem Pusten werden sie dicker und dicker, bis die Spielleitung pantomimisch einen Knoten macht. Nun schweben die Ballons alle durch den Raum.
Die Luftballons ticken beim Tanzen schon mal aneinander und wenn sie gar zu heftig zusammenprallen, können sie auch zerplatzen.

3. Tanzen, bis es dunkel wird II (GEHT'S?)

„Tanzen, bis es dunkel wird“: hinter diesem Titel verbergen sich drei Rubriken, in denen die ersten, einfachen Tanzspiele für Anfänger-Innen zusammengestellt sind. Jede, im Tanzen unerfahrene Klein- und Großgruppe findet hier viele neue Ideen für den Einstieg ins Tanzen.
Dabei geht es nicht darum, Kindern feste Tanzschritte beizubringen. Der Ansatz ist vielmehr ein spielerischer. Mit leichten Tanzspielen soll versucht werden, bei Kindern den Spaß an Musik und Tanz zu wecken.
Gleichzeitig erfahren sie ihren Körper im Tanz, spüren ihre eigenen Möglichkeiten und Fähigkeiten und erleben einen ersten Einstieg in die Vielfalt tänzerischer Darstellungs- und Ausdrucksmöglichkeiten.

Diese drei Rubriken bauen aufeinander auf. Der Schwierigkeitsgrad der Spiele steigert sich zum Ende der dritten Rubrik hin.

Doch: JETZT ... GEHT'S? LOS! —.

3.1 Tanzen, bis es dunkel wird II

Popcorntanz

Gruppierung: ab 7 Kinder

Material: ein Beutel Popcorn, Seil oder Zauberschnur

Musiktip: „Popcorn“ von Popcorn-Makers

Die meisten Kinder kennen die Maiskörner, die im erhitzten Zustand ganz plötzlich knallen und manchmal fast aus dem Topf springen.
Zum Tanz wird ein Kochtopf dargestellt (z.B. ein Seil zum Kreis auf den Boden gelegt). Alle Kinder gehen hinein und machen sich klein und rund. Beginnt die Musik zu spielen, stellen sie sich vor, der Topf wird heiß und heißer, bis die Maiskörner platzen. An verschiedenen Stellen springen die Kinder hoch, werden ein aufgeplustertes Popcorn und legen sich wieder in den Topf. Manche fallen auch aus dem Topf heraus.
Die Spielleitung sammelt sie alle wieder ein.

3.2 Tanzen, bis es dunkel wird II

Klumpen

Gruppierung: ab 10 Kinder

Material: —

Musiktip: schnelle, lebendige Tanzmusik

Alle Kinder tanzen durch den Raum. Kein Kind soll dabei ein anderes berühren. Sie sollen darauf achten, daß ihnen die anderen nicht zu nahe kommen.
Stoppt ein Kind seine Bewegung, hat es für alle anderen die Wirkung eines Magneten; sie werden angezogen und bilden einen dichten Klumpen um das Kind.
Dann löst sich alles wieder auf, bis erneut ein Kind stoppt und magnetische Wirkung auf alle anderen hat.
Stoppen zufällig mehrere Kinder gleichzeitig, so ist es spannend, wie weit ihre einzelnen Magnetkräfte reichen. Es entstehen dann mehrere kleine und größere Klumpen.

3.3 Tanzen, bis es dunkel wird II

Windstärke 10

Gruppierung: 15 und mehr Kinder

Material: —

Musiktip: wechselnde Musik

Ein Spiel, bei dem der Wind uns tanzen läßt! Zu einer anfänglich langsamen Musik erzählt die Spielleitung, sie sei der Wind, der alle in Bewegung bringen kann. Zur Musik tanzen die Kinder durch den Raum. Es beginnt mit Windstärke 1: ein Wind, den die Kinder kaum beim Tanzen spüren.

Allmählich steigert sich die Windstärke. Windstärke 5 zum Beispiel wirbelt die Kinder schon sehr durcheinander. Bei Windstärke 8 können sie kaum noch weitertanzen. Windstärke 10 bläst alle tanzenden Kinder quer durch den Raum, sie purzeln am Boden zusammen.

Doch bald ist der Sturm vorbei und es geht mit Windstärke 2 langsam weiter.

3.4 Tanzen, bis es dunkel wird II

Die Katze läuft dem Wollknäuel nach

Gruppierung: 7-15 Kinder

Material: ein oder mehrere Wollknäuel

Musiktip: „Der rosarote Panther“, Filmmusik; MC: Ariola Express LC 0967

Das Wollknäuel liegt in der Mitte des Raumes und das aufgewickelte Ende des Fadens ist am Rand des Spielraumes in der Hand der Spielleitung oder eines Kindes. Die anderen Kinder spielen die Katzen, die das Wollknäuel erwischen wollen. Sie schleichen sich langsam heran, lauern eine Weile, um dann mit einem plötzlichen Sprung das Knäuel zu erreichen. Die Spielleitung soll versuchen, es in diesem Moment wegzuziehen. Erneut schleichen sich die Katzen heran.

Anmerkung:
Vorher können typische Katzenbewegungen probiert werden. Bei mehr als 7 Kindern sollten mehrere Wollknäuel vorbereitet werden.

3.5 Tanzen, bis es dunkel wird II

Wie gehst Du?

Gruppierung: ab 12 Kinder

Material: Tesa-Krepp, Pauke oder große Trommel; auch 2 Topfdeckel sind möglich

Musiktip: Jazz-, Square-, irische oder schottische Musik

Alle Kinder gehen kreuz und quer durch den Raum. Mit einem Paukenschlag stoppt die Musik und die Kinder verwandeln sich in SeiltänzerInnen, die auf dem Seil balancieren.
Beim nächsten Paukenschlag werden sie zu SchlittschuhläuferInnen, Bären oder Enten.
Zwischendurch wird immer wieder die einfache Geh-Musik gespielt, bis die Pauke eine neue Gangart einführt.
Die Kinder können miterfinden, auf welche Art sie noch gehen können (z.B. Störche, Frösche, Roboter, Elefanten, BallettänzerInnen, Riesen, Zwerge etc.)

3.6 **Tanzen, bis es dunkel wird II**

Tanzende Pferde

Gruppierung: 7-25 Kinder

Material: Zauberstab, evtl. Verkleidungsutensilien für die Pferde, Zylinder

Musiktip: Ponypferdchen, Zirkuspferde (Fidula-Verlag)

Zum Jubiläum des Reiterhofes wird mit den Pferden eine Tanznummer eingeübt.
Ein Dompteur zeigt mit dem Zauberstab den Pferden an, wie sie tanzen sollen.

Variante des Spiels:
Es kann auch Pferd und ReiterIn gespielt werden. Hierzu werden Bänder oder Gürtel um den Bauch der Pferde gebunden. Der/die ReiterIn deutet durch leichtes Ziehen an den Bändern an, wie die Pferde tanzen sollen.

Anmerkung:
Erwachsene sollten kleineren Kindern Beispiele zeigen.

3.7 Tanzen, bis es dunkel wird II

Im Kaufhaus

Gruppierung: 6 und mehr Kinder

Material: Tesa-Krepp, evtl: Plakatkarton und farbige Stifte

Musiktip: schnelle, rhythmische Musik

Im großen Kaufhaus gibt es verschiedene Abteilungen. Bei einem kleinen tänzerischen Spaziergang durch die unterschiedlichen Abteilungen kann man allerhand erleben. Auf den Boden des Raumes wird mit Tesa-Krepp ein Kreuz in der Mitte aufgeklebt. Daraus ergeben sich vier Tanzfelder = vier Abteilungen. Die Spielleitung geht nun vorab mit den Kindern durch die einzelnen Abteilungen des Kaufhauses. Da gibt es:
die Bettenabteilung: wer diese Abteilung betritt, darf sich in die Betten „flatschen", sich pantomimisch mit Kissen bewerfen, u.s.w.
die Spielwarenabteilung: pantomimisch werden hier Hüpfbälle, Drehkreisel, Springseilchen, Aufziehpuppen, Rollschuhe, u.s.w. dargestellt.
die Caféteria: mit: Wackelpudding, Riesenstücken Sahnetorte etc.
die Sportabteilung: dort gibt es: Trimmfahrräder, Hanteln, Fußbälle, Ballettschuhe, Tennisschläger, Schlittschuhe etc.
Die Spielleitung macht in den einzelnen Feldern Möglichkeiten der Darstellung vor. Anschließend tanzen die Kinder durch das Kaufhaus.

**Musik-Tanz-Spielekartei
Spielwerkstatt Rhinozeros
und Ökotopia**

3.8 Tanzen, bis es dunkel wird II

Paß' auf!

Gruppierung: 4 Kinder und mehr

Material: —

Musiktip: rhythmische Musik

Die Kinder stellen sich in Kleingruppen zu je 4 Kindern im Kreis auf.
Zu Beginn übt die Spielleitung mit der Gruppe zwei feste Bewegungsteile ein.
Beispiel: Im ersten Bewegungsteil müssen die Kinder 3 x mit den Füßen stampfen, 3 x in die Hände klatschen, 3 x mit den Füßen stampfen usw.
Im zweiten Bewegungsteil müssen die Kinder 3 x auf die Oberschenkel klatschen, 3 x zur Seite schaukeln.
Die Gruppe beginnt zu einer rhythmischen Musik mit dem ersten Bewegungsteil, d.h. alle Kinder im Kreis machen fortlaufend die vorgegebenen Bewegungen.
Doch aufgepaßt! Faßt sich ein Kind zwischendurch an die Nase, so wechseln alle Kinder zum zweiten Bewegungsteil. Jedes Kind darf den Wechsel mitbestimmen, indem es sich an die Nase faßt.

Anmerkung:
Zu Beginn sollte der Wechsel nur von der Spielleitung durchgeführt werden.
Wenn die Kinder schon mehr Übung in diesem Spiel haben, können weitere Bewegungsteile hinzukommen. Dann müssen die Kinder sich die Reihenfolge der Bewegungsteile gut merken.

4. Tanzen, bis es dunkel wird III (LOS !)

„Tanzen, bis es dunkel wird“: hinter diesem Titel verbergen sich drei Rubriken, in denen die ersten, einfachen Tanzspiele für Anfänger-Innen zusammengestellt sind. Jede, im Tanzen unerfahrene Klein- und Großgruppe findet hier viele neue Ideen für den Einstieg ins Tanzen.
Dabei geht es nicht darum, Kindern feste Tanzschritte beizubringen. Der Ansatz ist vielmehr ein spielerischer. Mit leichten Tanzspielen soll versucht werden, bei Kindern den Spaß an Musik und Tanz zu wecken.
Gleichzeitig erfahren sie ihren Körper im Tanz, spüren ihre eigenen Möglichkeiten und Fähigkeiten und erleben einen ersten Einstieg in die Vielfalt tänzerischer Darstellungs- und Ausdrucksmöglichkeiten.

Diese drei Rubriken bauen aufeinander auf. Der Schwierigkeitsgrad der Spiele steigert sich zum Ende der dritten Rubrik hin.

Doch: JETZT ... GEHT'S? LOS! —.

4.1 Tanzen, bis es dunkel wird III

Im Spiegelkabinett

Gruppierung: 10-30 Kinder

Material: Tesa-Krepp

Musiktip: ruhige, Spannung erzeugende Musik

Die Spielleitung erzählt von einem Spiegelkabinett auf dem Rummelplatz, wo es wie in einem Irrgarten zugeht. Immer wieder blickt man in sein eigenes Spiegelbild, ohne zu wissen, wohin es zum Ausgang geht. Der Raum ist unser Spiegelkabinett. Ein Ein- und Ausgang sind markiert.
Die Kinder betreten nun diesen Irrgarten und stellen sich vor, wenn sie ein anderes Kind ansehen, ist dies ihr Spiegelbild. Die beiden Kinder spiegeln ihre Bewegungen eine Weile und irren dann weiter. Immer, wenn sie vor einem anderen Kind stehen, spiegeln sie sich bis sie schließlich am Ende des Musikstückes doch den Ausgang finden.

Anmerkung:
Dieses Spiel ist erst für Kinder im Grundschulalter geeignet.

4.2 Tanzen, bis es dunkel wird III

Vom Bleistift zur Murmel

Gruppierung: ab 7 Kinder

Material: Bleistift, Murmel, ein Stück Wolle, Schraube

Musiktip: Köln Concert, Keith Jarrett

Die Spielleitung zeigt den Kindern die Gegenstände und sie versuchen, diese mit ihrem Körper darzustellen. Beispiel: ein rollender Bleistift, eine sich drehende Schraube, eine kullernde Murmel oder ein schlängelnder Wollfaden.
Zur Musik können die Kinder sich dann ständig verwandeln: der Bleistift wird zur runden Murmel, die Murmel zur verdrehten Schraube usw.

Variante des Spiels:
In Gruppen kann hierzu ein Ratespiel probiert werden. Eine Gruppe stellt den anderen in einer bestimmten Reihenfolge ihre Verwandlungen dar. Die anderen raten.

Gruppierung: ab 10 Kinder

Material: Verkleidungs-utensilien

Musiktip: „La Folie à la mode“ (Kontratanz), MC oder LP „Tanzchuchi“, Zytglogge Verlag; „Oh Susannah“, Yankee doodle Mixer, Kögler MC 15 704; Filmmusik „Dschungelbuch“ hier: Ausschnitt: Die Bandar log; Edvard Grieg: „Peer Gynt Suite Nr. 1 OP. 46 hier: In der Halle des Bergkönigs; LP „Sabrusita“ von Salsa Picante

Tanzen, bis es dunkel wird (1)

Der Gassentanz hat eine sehr alte Tradition. Alle TänzerInnen stehen sich paarweise gegenüber in zwei Reihen und bilden zwischen sich eine lange Gasse.
Der Tanz besteht meist aus einem I. Teil, zu dem alle gemeinsam etwas tanzen und aus einem II. Teil, zu dem ein Paar durch die Gasse tanzt.
Zum I. Teil des Tanzes kommen nun die Paare in der Mitte der Gasse zusammen, begrüßen sich und gehen auf den Platz des Gegenübers. Das wird wiederholt. Dann treffen sie sich wieder in der Mitte und drehen miteinander einmal herum, gehen auf ihren Platz zurück.
Zum II. Teil tanzt dann das erste Paar themengerecht durch die Gasse und schließt sich an deren Ende wieder an. Alle anderen geben Beifall, klatschen, verbeugen sich und begleiten somit das Paar beim Tanz durch die Gasse.
Teil I und Teil II werden solange wiederholt, bis alle Paare einmal durch die Gasse tanzen durften.

Gruppierung: ab 10 Kinder

Material: siehe vorherige Spielkarte

Musiktip: siehe vorherige Spielkarte

Musik-Tanz-Spielekartei Spielwerkstatt Rhinozeros und Ökotopia

Tanzen, bis es dunkel wird (2)

Die einzelnen Themen können dann durch entsprechende tänzerische Ausdrucksmittel gestaltet werden. Vorschläge für einen Gassentanz zu verschiedenen Themen:

- im mittelalterlichen Schloß zu höfischer Musik mit vornehmen Verbeugungen und stolzen Drehungen
- im Wilden Westen zu Square-Dance-Musik mit Lassoschwingen, Seitgalopp und Cowboyhüte-Heben
- bei der Affenbande zur Dschungelmusik mit den entsprechenden, lustigen Affenbewegungen und Geräuschen
- beim Karneval in Rio zu schneller Sambamusik mit Rasseldosen in den Händen und vielen Schüttelbewegungen
- bei den Erdgeistern zu dumpfer Trommelmusik in gebeugter Haltung mit schlurfenden Schritten

Außerdem können verschiedene Requisiten dabei helfen, die einzelnen Tanzszenen auszuschmücken.

4.5 **Tanzen, bis es dunkel wird III**

Thermometer

Gruppierung: 6 Kinder und mehr

Material: Tesa-Krepp, 1 Stück Kreide

Musiktip: wechselnde Musik

Mit Tesa-Krepp klebt die Spielleitung ein Thermometer auf den Boden. Die Gradzahlen von 100 Grad Celsius bis 0 Grad Celsius werden mit Kreide daneben geschrieben. Das aufgeklebte Thermometer sollte so groß sein, daß die Kinder sich am Thermometer entlang tänzerisch bewegen können. Die Gradzahlen werden immer in 10er Abständen markiert.
Jetzt kann der Tanz beginnen!
Die Kinder suchen sich eine Position entlang des Thermometers aus, von der aus sie starten möchten.
Zu wechselnder Musik tanzen die Kinder entlang der Skala. Dabei stellen sie sich vor, sie sind Wasser und befinden sich in einem riesigen Wasserkessel. Entsprechend der Gradzahl, bei der sie gerade stehen, ändert sich das Verhalten des Wassers. Bei 100 Grad beispielsweise tanzen dann alle ganz wild durcheinander, bei 0 Grad dagegen stehen die Kinder ganz regungslos; das Wasser ist gefroren.
Jedes Kind darf seine Position entlang des Thermometers ständig verändern.

4.6 Tanzen, bis es dunkel wird III

„Rote Karte“

Gruppierung: 15 und mehr Kinder

Material: —

Musiktip: wechselnde Musik

Ein Tanzspiel rund um den Straßenverkehr!
Die Spielleitung bereitet Karten vor, auf denen Farben oder einfache Gegenstände (Dinge, Zeichen) zu sehen sind , z.B. Auto, Zebrastreifen, LKW, Feuerwehrauto etc. Die Karten haben, jede für sich, eine eigene Bewegungsbedeutung, die vorher zusammen mit den Kindern festgelegt wird. Hält die Spielleitung während die Kinder im Raum zur Musik tanzen, z.B. eine rote Karte in die Luft, müssen alle Kinder sofort stoppen, denn eine rote Ampel hält uns an. Bei „Gelb“ kommen alle langsam in Bewegung, bei „Grün“ geht's weiter. Auch die Gegenstandskarten sagen uns, wie unsere Tanzbewegung sein soll. Erscheint ein „Auto“ auf der Karte, tanzen alle Kinder wie „schnelle Flitzer“ oder „klapperige“, alte Autos durch den Raum. Beim „LKW“ bilden wir eine Schlange, beim „Zebrastreifen“ legen sich schnell alle Kinder nebeneinander auf den Boden (Lücken lassen!) Nun kann ein Kind den Zebrastreifen tänzerisch überqueren.

Anmerkung:
Dieses Tanzspiel ist geeignet für Kinder ab 6 Jahren.

4.7 Tanzen, bis es dunkel wird III

Eintopf I

Gruppierung: 20 Kinder und mehr

Material: Tesa-Krepp, Schürze, Kochlöffel, Kochmütze (auch aus Zeitungen zu falten)

Musiktip: schnelle Musik

Zu Beginn klebt die Spielleitung mit Tesa-Krepp einen großen, runden Kochtopf auf den Boden in die Mitte des Raumes. Die Kinder werden in kleine Gruppen zu je 4-5 Kindern eingeteilt. Jede Gruppe stellt sich in eine Ecke des Raumes. In der Mitte steht die Spielleitung, verkleidet als Koch. Sie erzählt den Kindern, daß es heute Mittag einen leckeren Eintopf geben soll. Da sie jedoch vergessen hat, die Zutaten einzukaufen, müssen diese nun von den Kindern selbst dargestellt werden. Folgende Zutaten werden zunächst mit Hilfe der Spielleitung in den kleinen Gruppen einstudiert:

- die langen Porréestangen: die Kinder tanzen auf Zehenspitzen, möglichst gerade, mit eng anliegenden Gliedmaßen
- Petersilie: beim Tanzen sehr weit mit den Armen gestikulierend und sich dabei auch ständig die Haare raufend
- die dicken, runden Kartoffeln: die Kinder kugeln sich über den Boden

Eintopf II

Gruppierung: 20 Kinder und mehr

Material: Tesa-Krepp, Schürze, Kochlöffel, Kochmütze (auch aus Zeitungen zu falten)

Musiktip: schnelle Musik

- Erbsen: die Kinder hüpfen mit geschlossenen Beinen wild durcheinander
- Zwiebel: die Kinder bilden einen Kreis, haken sich ein und tanzen sich drehend und laut weinend und schluchzend umher.

Nun wird eine schnelle Musik eingespielt. Der Koch beginnt, mit seinem Kochlöffel im Kochtopf zu rühren. Die einzelnen Zutaten tanzen jede nach ihrer Art in den jeweiligen Ecken. Nach und nach holt nun der Koch die Zutaten in den Kochtopf, bis schließlich Porrée, Kartoffeln, Petersilie, Zwiebeln und Erbsen im Topf zu einem leckeren Eintopf werden.

Anmerkung:
Bei diesem Tanzspiel ist eine animierende, darstellende Rolle des Kochs sehr wichtig!

5. Tanzen mit Requisiten I

In dieser Rubrik geht es um das Tanzen mit einfachsten Gegenständen. Alltägliches wie ein Hut, Kartons, Toilettenrollen, Seile, Wollreste oder Tücher werden in das tänzerische Spiel integriert. Dabei dienen die Gegenstände einerseits dazu, Verbindungselemente im Tanz zu sein, andererseits aber regen sie auch die Phantasie der Kinder an und animieren zu leichten, tänzerischen Improvisationen.
Alle gesammelten Ideen in dieser Rubrik erfordern nur wenig Vorarbeit. Der Einstieg ins Tanzen mit Requisiten ist daher sehr leicht zu vollziehen.

5.1 **Tanzen mit Requisiten I**

Gruppierung: 5 und mehr Kinder

Material: eine Flöte

Musiktip: —

Musik-Tanz-Spielekartei
Spielwerkstatt Rhinozeros und Ökotopia

Schlangen-beschwörung

Alle Kinder liegen im Raum verteilt auf dem Boden. Sie spielen die Schlangen.
Die Spielleitung setzt sich in die Mitte des Raumes auf den Boden. Als SchlangenbeschwörerIn beginnt sie nun, die Flöte zu spielen. Die Schlangen steigen hoch und fangen an, sich zur Flötenmusik durch den Raum zu bewegen. Setzt die FlötenspielerIn sich in Bewegung, folgen die Schlangen ihr. Wird die Flöte leiser, so sinken die Schlangen wieder in ihre Ruhestellung auf den Boden.

Huttanz

Gruppierung: 5 und mehr Kinder

Material: je Kind ein Hut

Musiktip: eine schnelle Musik

Jedes Kind trägt einen Hut auf dem Kopf. Zu einer schnellen Musik tanzen die Kinder durch den Raum. Dabei können sie Entgegenkommende durch „Hut zücken“ grüßen oder mit einem anderen Kind den Hut tauschen.

5.3 Tanzen mit Requisiten I

Ein Hut in Bewegung

Gruppierung: 5 und mehr Kinder

Material: ein Hut

Musiktip: schnelle Musik

Zu einer schnellen Musik tanzen alle Kinder durch den Raum. Ein Kind trägt einen Hut. Es beginnt, in einer bestimmten Art zu tanzen, z.B. rückwärts, im Seitgalopp, sich drehend u.s.w. So bewegt es sich auf ein anderes Kind zu und setzt diesem den Hut auf. Das nächste Kind muß sich schnell eine neue Tanzart ausdenken und sich so auf ein anderes Kind zubewegen.

Anmerkung:
Der Hut sollte nicht zu lange bei einem Kind bleiben, sondern möglichst rasch weitergetragen werden.

5.4 Tanzen mit Requisiten I

Rolle, Rolle

Gruppierung: 4 und mehr Kinder

Material: Toilettenrollen, Küchenrollen oder Versandrollen

Musiktip: schnelle Musik

Die Kinder gehen zu zweit zusammen. Jedes Tanzpaar erhält zwei Rollen. Die Rollen sollten gleich lang sein, also entweder zwei Toilettenrollen, zwei Küchenrollen oder zwei Versandrollen. Bei kleineren Kindern empfiehlt es sich, mit Toilettenrollen zu beginnen.
Die Rollen bilden die Verbindungsstücke zwischen den Händen der jeweiligen Tanzpaare. Nun wird eine schnelle Musik eingespielt. Die Paare versuchen, sich gemeinsam zur Musik zu bewegen, ohne dabei ihre Rollen auf den Boden fallenzulassen.

Anmerkung:
Bei kleineren Kindern sollte dieses Spiel zu Anfang nur mit einer Rolle als Verbindungsstück durchgeführt werden.

Besonders schön ist es, vor Beginn des Spiels die Rollen mit kleinen Steinen, o.ä. zu füllen und an den Enden zu verschließen. Dann werden aus den Verbindungsrollen einfache Rasseln, mit denen die Kinder während des Tanzens Musik machen können.

5.5 Tanzen mit Requisiten I

Begegnungen

Gruppierung: 4 und mehr Kinder

Material: je Kind ein Tuch (Halstuch, Stoffrest o.ä.)

Musiktip: schnelle Musik

Jedes Kind steckt sich ein Tuch hinten in die Hose oder den Rock. Es sollte noch ein ausreichend langes Ende herausschauen. Nun beginnen die Kinder zu tanzen. Begegnen sich zwei Kinder, so winken sie sich zu. Jedes Kind hat die Möglichkeit, ein anderes Kind mit dem Finger zu locken. Dann muß sich das angelockte Kind hinten anschließen und das Tuch des vorderen Kindes anfassen. Es entsteht eine kleine Schlange. Die Schlange kann sich im Laufe des Spiels weiter vergrößern, je mehr Kinder gelockt werden.
Ein Kind aus der Schlange darf sich aber auch jederzeit wieder aus der Schlange lösen und so die lange Schlange in zwei kleine Schlangen unterteilen.

5.6 Tanzen mit Requisiten I

Gefesselt!

Gruppierung: 6 und mehr Kinder

Material: je Tanzpaar ein ca. 1 Meter langes Seil oder ein Halstuch; für die Variante: 2 Seile bzw. 2 Tücher

Musiktip: schnelle Musik

Es werden Tanzpaare gebildet. Jedes Paar erhält ein ca. 1 Meter langes Seil oder auch ein Halstuch. Das Seil bildet die Verbindung zwischen den beiden Tanzenden. Es darf während des Tanzes nicht gelöst werden. So miteinander verbunden, bewegen die Beiden sich zur Musik. Gegenseitiges Einwickeln, Wellenbewegungen, über das Seil tanzen, Schlangentanz, in der Hocke tanzen, mit anderen Tanzpaaren in Kontakt treten, sich miteinander/ineinander verweben......Probiert einfach einmal etwas aus!

Variante des Spiels:
Bei dieser Variante tanzt jedes Paar mit zwei Seilen bzw. zwei Tüchern als Verbindung.

5.7 Tanzen mit Requisiten I

Tanz unter/auf dem Spinnennetz

Gruppierung: 8 und mehr Kinder

Material: unterschiedlich lange Seile bzw. Wollreste; auch Halstücher oder Streifen aus Stoffen gerissen sind möglich.

Musiktip: Klassik; auch Zirkusmusik ist möglich

Aus unterschiedlich langen Seilen, Wollresten oder Tüchern knüpfen alle gemeinsam ein großes Spinnennetz, unter dem die Kinder ausreichend Platz haben. Nun heben wir das Netz hoch. Alle Kinder begeben sich unter das Spinnennetz. Jetzt kann der Tanz der gefangenen Tiere im Spinnennetz beginnen. Zur Musik bewegen sich die Tiere unter dem Netz, winden sich durcheinander und aneinander vorbei und finden am Ende doch keinen Ausgang aus dem Spinnennetz.

5.8 Tanzen mit Requisiten I

Hüpf' in den Karton!

Gruppierung: 4 und mehr Kinder

Material: viele Pappkartons in verschiedenen Größen

Musiktip: schnelle Musik

Im Raum werden viele, verschieden große Kartons verteilt. Die Spielleitung spielt eine Musik ein, zu der die Kinder um die Kartons herum tanzen. Setzt die Musik aus, müssen sich die Kinder rasch in einen Karton retten und sich dort hinein setzen oder stellen (je nach Größe der Kartons). Es dürfen auch mehrere Kinder in einen Karton.

Varianten des Spiels:

1) Auf jeden Karton schreibt die Spielleitung zu Beginn mit einem dicken Stift auf alle vier sichtbaren Seiten eine Zahl. Nun wird das Spiel ebenso wie oben durchgeführt. In jeden Karton dürfen sich aber nun nur so viele Kinder retten, entsprechend der Zahl auf den einzelnen Kartons.

2) Ebenso wie 1), jedoch sollten für kleinere Kinder Punkte auf die Kartons gemalt werden.

6. Tanzen mit Requisiten II

Das „Tanzen mit Requisiten“ wird hier fortgeführt. Getanzt wird mit Luftballons, Reifen, Federn, Schuh und Regenschirm sowie farbigen Tüchern.
Besonders die letzten Tanz-Spiel-Ideen erfordern etwas Übung im Umgang mit tänzerischen Improvisationen. Die Gruppe sollte sich daher für die letzten Spiele besser kennen und schon miteinander vertraut sein.
Gerade bei der Durchführung der letzten drei Spielvorschläge wird deutlich, wie sehr Requisiten Kindern Hilfestellungen geben können und sie anregen, ihre Phantasien zu vorgegebenen Themen tänzerisch umzusetzen. Die Angst der Kinder, sich zu blamieren oder besonders tollpatschig zu wirken, tritt selten auf. Requisiten geben hier Sicherheit und Halt und sind vielleicht gerade deshalb bei Kindern sehr beliebt.

6.1 Tanzen mit Requisiten II

„Hullahoop“

Gruppierung: 5 und mehr Kinder (max. 20 Kinder)

Material: pro Kind ein „Hullahoop“-Reifen

Musiktip: mäßig schnelle Musik

Musik-Tanz-Spielekartei Spielwerkstatt Rhinozeros und Ökotopia

Es gibt einige Möglichkeiten, sich spielerisch tanzend mit einem Reifen zu beschäftigen.
Die Spielleitung spielt Musik, die „Hullahoop“-Reifen liegen auf dem Boden, frei verteilt im Raum. Jedes Kind soll nun zur Musik:

- den Reifen umtanzen ohne ihn zu berühren
- im Reifen tanzen mit möglichst engen, kleinen Bewegungen
- den Reifen vom Boden aufnehmen und mit ihm quer durch den Raum mit großen, kreisenden Bewegungen tanzen
- den Reifen rollen lassen und neben ihm hertanzen

Als Gruppentanz mit Reifen ist außerdem eine Schlangenform zu empfehlen. Alle Kinder stehen hintereinander in einer Reihe, jedes Kind mit seinem Reifen. Der Schlangenkopf beginnt nun mit Bewegungen zur Musik, die von allen übrigen Kindern nachgeahmt werden. Hat der „Kopf“ keine Idee mehr, wechselt dieser zum Schlangenschwanz. Das zweite Kind ist nun an der Reihe, Bewegungen mit dem Reifen vorzutanzen. Für dieses Tanzspiel ist ein großer Raum (Turnraum o.ä.) erforderlich.

6.2 Tanzen mit Requisiten II

Luftballonschlangen

Gruppierung: 6 und mehr Kinder

Material: je Kind ein farbiger Luftballon; es sollten mindestens jeweils 3 Luftballons gleicher Farbe vorhanden sein

Musiktip: schnelle, rhythmische Musik

Jeweils drei Kinder bilden gemeinsam eine Schlange, d.h. sie stellen sich hintereinander auf. Alle Kinder in einer Schlange erhalten einen gleichfarbigen, möglichst runden Luftballon. Die Ballons werden aufgeblasen, zugeknotet und als Verbindungselemente zwischen den einzelnen Schlangenmitgliedern vor den Bäuchen der Kinder festgehalten. Die Spielleitung spielt eine schnelle Musik ein. Die einzelnen Schlangen tanzen durch den Raum. Dabei darf natürlich keine Schlange auseinanderbrechen und auch kein Luftballon auf den Boden fallen.

Weitere Möglichkeiten:

- alle Schlangenmitglieder halten ihren Luftballon auf dem Kopf fest und wackeln während des Schlangentanzes mit den Bäuchen.
- die Ballons werden zwischen die Beine, unter einen Arm, auf den Rücken geklemmt

Variante des Spiels:

Wenn eine andere Musik eingespielt wird, lösen sich die Schlangenmitglieder und tanzen alleine mit ihrem Ballon. Ertönt wieder die Leitmusik, müssen sich schnell alle Kinder wieder in ihrer Schlange zusammenfinden.

Der verstopfte Schornstein

Gruppierung: 4 und mehr Kinder

Material: je Vierer-Gruppe ein Luftballon

Musiktip: schnelle Musik

Die Kinder werden in Vierer-Gruppen eingeteilt. Sie umfassen sich bei den Schultern oder Hüften zu einem geschlossenen Kreis. Die Mitte des Kreises stellt den Schornstein dar. In diesen Schornstein legt die Spielleitung zu Beginn des Spiels einen Luftballon. Nun wird eine schnelle Musik eingespielt. Die Vierer-Gruppen versuchen, ihren Schornstein zu reinigen, d.h. sie müssen den Luftballon oben zum Schornstein hinausbefördern. Dabei behalten sie natürlich die Kreisform bei und dürfen nicht ihre Hände benutzen. Besonders gut geht das, wenn sich alle tänzerisch zur Musik bewegen.

6.4

Tanzen mit Requisiten II

Kitzeltanz

Gruppierung: vier und mehr Kinder

Material: je Kind mindestens eine Feder (man bekommt diese Federn häufig im Zoo oder Tierpark geschenkt)

Musiktip: schnelle, bewegte Musik

Jedes Kind erhält eine Feder. Zu einer schnellen, bewegten Musik tanzen die Kinder durch den Raum. Begegnen sie einem anderen Kind, so begrüßen sie sich gegenseitig, indem sie das andere Kind mit der Feder kitzeln.

6.5 Tanzen mit Requisiten II

Gruppierung: 15 Kinder und mehr

Material: je Kind ein Paar große, alte Schuhe und ein Regenschirm, Zeitungspapier

Musiktip: langsame, aber rhythmische Musik

Musik-Tanz-Spielekartei Spielwerkstatt Rhinozeros und Ökotopia

Mit großem Schuh und Regenschirm

Die Spielleitung bittet alle Kinder, ein Paar große, alte Schuhe (vom Opa, Papa, von der Mama oder Oma) und einen schönen Regenschirm mitzubringen.
In einem großen Raum werden nun, bevor es tanzend losgeht, alle Schuhe und Schirme begutachtet und ausprobiert. Sind die Schuhe sehr viel größer als der Kinderfuß, wird vorne in die Schuhkappe Zeitungspapier gestopft, damit das tanzende Kind einen festen Halt in den Schuhen hat.
Die Spielleitung läßt nun die Musik spielen. Jedes Kind tanzt mit seinen Schuhen und dem Regenschirm zur Musik. (Die Regenschirme müssen dabei unbedingt aufgespannt sein, da sonst Verletzungsgefahr besteht.)

Variante des Spiels:
Die Spielleitung hält die Musik an, alle Kinder tauschen Schuhe und Regenschirm mit einem anderen Kind und tanzen anschließend weiter zur Musik.

6.6 Tanzen mit Requisiten II

Karussell

Gruppierung: 8-20 Kinder

Material: Springseilchen oder andere Seile (ca. 2 Meter lang)

Musiktip: „Borodin"; Marek & Vacek Concert Hits II

Zum Karussell-Tanz fassen jeweils zwei Kinder die Enden des Seils. Alle Seile kreuzen sich in der Mitte, so daß ein Stern bzw. Karussell entsteht.
Zuerst dreht sich das Karussell rechts herum, es beginnt langsam, steigert das Tempo. Im Karussell verändern sich die Figuren:

- sie werden kleiner und größer
- jedes zweite Kind macht ein Tor, das nächste taucht hindurch
- abwechselnd rollen sich die Kinder mit dem Seil zur Mitte ein
- das Karussell wendet sich und fährt in der anderen Richtung weiter

Im Laufe der Fahrt können alle noch beliebig miterfinden, was im Karussell alles passiert.

6.7 Tanzen mit Requisiten II

Vogelflug

Gruppierung: vier und mehr Kinder; max. 20 Kinder

Material: je Kind ein großes, farbiges Halstuch

Musiktip: ruhige Musik, z.B. „Samba Pa Tie“ (Santana), „Albatross“ o.ä.

Jedem Kind wird ein Halstuch an den Armgelenken festgebunden, u. z. so, daß das Kind bei ausgestreckten Armen große Vogelflügel hat. (siehe: Skizze unten)
Die Kinder verteilen sich im Raum. Sie legen sich zusammengekauert auf den Boden und schließen die Augen. Die Spielleitung spielt eine ruhige Musik ein. Langsam werden die kleinen Vögel wach, heben die Köpfe, stehen auf, versuchen ihre Flügel zu bewegen bis sie schließlich alle durch den Raum fliegen. Gegen Ende des Liedes fliegen die Vögel ruhiger, sie werden langsam müde bis sie schließlich wieder zu Boden sinken und sich dort zum Schlafen niederlegen.
Besonders schön ist es natürlich, wenn die Kinder hierzu noch Vogelgipsmasken oder Tonmasken herstellen, die dann mit einem Gummiband hinter dem Kopf befestigt werden.

6.8 Tanzen mit Requisiten II

Schlüpfen aus dem Ei

Gruppierung: 6 und mehr Kinder

Material: je Kind ein großes Halstuch, eine Rolle Papiertischdecke (Farbe: weiß) oder ein großes Schwungtuch (auch mehrere, zusammengenähte Betttücher). Packband, evtl. Vogelmasken (siehe vorangehendes Spiel)

Musiktip: siehe vorangehende Spielkarte

Musik-Tanz-Spielekartei Spielwerkstatt Rhinozeros und Ökotopia

Dies ist eine kurze, einfache Improvisation zur Musik. Sie eignet sich besonders für eine kleine Aufführung auf einem Kindergarten- oder Schulfest. Zu Beginn muß die Papiertischdecke in gleichlange Bahnen geschnitten werden. Diese Bahnen werden nebeneinander auf den Boden gelegt und mit Packband festgeklebt. Es entsteht so eine große, möglichst quadratische Fläche, unter der alle Kinder Platz finden. Ebenso wie bei dem vorangehenden Spiel erhält jedes Kind Vogelflügel. Alle Kinder legen sich eng zusammen auf den Boden, möglichst in die Mitte des Raumes.

Die Spielleitung deckt die Kinder mit dem Papier oder mit dem großen Tuch zu. Nun wird die Musik eingespielt. Langsam beginnen die Kinder sich unter dem Papier, das das Ei darstellt, zu bewegen. Dann bricht die Eierschale an der ersten Stelle auf und das erste kleine Küken schlüpft heraus. Nach und nach bricht die Eierschale an immer mehr Stellen, bis sich schließlich alle Küken aus der Schale befreit haben. Sie beginnen zunächst vorsichtig, bald jedoch schon recht geübt, ihre ersten Flugversuche, bis alle Vögel am Ende durch den Raum und zur Tür oder zum Fenster hinausfliegen.

7. Musik und Tanz für Feiern und Feste

Die nun folgenden Tanzspiele eignen sich besonders für altersverschiedene Gruppen. Bei vielen Festen, ob im Kindergarten oder zu Hause, tanzen „Kleine“ mit „Großen“; diese Spiele hier wollen gerade dazu anregen.
Es geht dabei nicht darum, daß Kinder Erwachsenen etwas vorführen, vielmehr sollen Kinder und Erwachsene etwas gemeinsam tun.
Außerdem wurde bei dieser Rubrik darauf geachtet, daß die Gruppengröße sehr variabel ist.
Auf zum Fest!

7.1 Musik und Tanz für Feiern und Feste

Gruppierung: 9 und mehr Kinder

Material: Tesa-Krepp oder anderes Klebeband

Musiktip: möglichst schnelle Musik

Musik-Tanz-Spielekartei Spielwerkstatt Rhinozeros und Ökotopia

Schlangentanz

Mit Tesa-Krepp werden Wege auf den Boden geklebt, die sich an verschiedenen Stellen kreuzen. Der Raum sollte möglichst groß sein. Zu Beginn des Spiels bilden die Kinder jeweils kleine Schlangen, d.h. sie stellen sich hintereinander auf und fassen das jeweils vordere Kind um die Hüften. In jeder Schlange sollten mindestens 3 Kinder sein. Anschließend sucht sich jede Schlange einen Platz auf einem der Wege, von wo aus sie ihren Schlangentanz beginnt. Es wird eine schnelle Musik von der Spielleitung eingespielt und die Schlangen beginnen mit ihrem Tanz. Dabei darf keine Schlange ihren Weg verlassen.

Varianten des Spiels:

- Begegnen sich zwei Schlangen auf einem Weg, so müssen sie sich aneinander vorbeiwinden und dabei laut zischeln.
- Begegnen sich zwei Schlangen, setzen sich die Schlangen ganz schnell neu zusammen.
- begegnen sich zwei Schlangen, bilden sie eine gemeinsame Schlange, bis schließlich eine einzige, lange Schlange entstanden ist.

Murmeln

Gruppierung: 6 und mehr Kinder

Material: verschieden farbige Murmeln

Musiktip: möglichst schnelle Musik

Jedes Kind erhält eine farbige Murmel. Die Murmeln sollten so verteilt werden, daß in etwa gleich große Farbgruppen entstehen. Mindestens zwei Kinder müssen eine gleichfarbige Murmel erhalten.
Nun wird eine schnelle Musik eingespielt. Die Kinder tanzen durcheinander und tauschen dabei mit anderen Kindern möglichst oft die Murmel. Irgendwann unterbricht die Spielleitung die Musik. Schnell müssen sich alle Kinder an einer Stelle zusammenfinden, die eine gleichfarbige Murmel in der Hand haben. Setzt die Musik wieder ein, beginnt erneut das lustige Tauschen.

Variante des Spiels:
Wenn die Musik stoppt, ruft die Spielleitung nur eine Farbe aus. Kinder, die eine Murmel mit dieser Farbe haben, finden sich schnell in der Mitte zusammen. Die übrigen Kinder bilden einen Kreis um die Gruppe. Zu einer anderen Musik führen die Kinder in der Mitte einen wilden Tanz auf. Die Übrigen klatschen und stampfen dazu. Setzt wieder die Anfangsmusik ein, beginnt erneut das Tauschen.

Farbentanz

Gruppierung: 6 und mehr Kinder

Material: Klebeband in 3-4 unterschiedlichen Farben

Musiktip: eine schnelle Musik

Auf den Boden werden verschieden große Farbfelder geklebt. Dabei sollte das kleinste Feld so groß sein, daß alle Kinder darin, wenn auch sehr beengt, Platz finden. Zur Musik tanzen die Kinder um die Felder herum. Setzt die Musik aus, ruft die Spielleitung eine Farbe aus. Schnell laufen die Kinder in das entsprechende Farbfeld. Dort bewegen sie sich zu einer anderen Musik weiter. Da die Farbfelder unterschiedlich groß sind, ist manchmal nur ein ganz beengtes Tanzen, ein anderes Mal aber ein ausgelassenes, wildes Tanzen möglich. Setzt erneut die erste Musik ein, dürfen die Kinder das Farbfeld verlassen und wieder durch den Raum tanzen.

7.4 **Musik und Tanz für Feiern und Feste**

Tore auf!

Gruppierung: 12 und mehr Kinder

Material: —

Musiktip: eine schnelle Musik

Die Kinder werden in zwei Gruppen eingeteilt. Eine Gruppe spielt die Tore d.h. sie verteilen sich jeweils zu zweit im Raum. Jedes Paar bildet ein Tor, indem die beiden Kinder sich die Hände über dem Kopf reichen.
Die anderen Kinder tanzen zur Musik. Wenn sie durch ein Tor tanzen, können die beiden Kinder, die das Tor bilden, versuchen, das Kind einzufangen, indem sie schnell ihre Arme senken. Natürlich dürfen sie auch Kinder einfach hindurchtanzen lassen. Wird ein Kind im Tor eingeschlossen, so wechselt es mit einem der beiden Kinder, die es gefangen halten, die Rolle. Mit wem es wechselt, darf das gefangene Kind selbst bestimmen. Dieses Kind darf weitertanzen, die anderen bilden das neue Tor.

Wichtig: die Rollenwechsel sollten schnell verlaufen!

7.5 Musik und Tanz für Feiern und Feste

Gruppierung: 6 und mehr Kinder

Material: je Kind ein Stuhl

Musiktip: möglichst schnelle Musik

Musik-Tanz-Spielekartei
Spielwerkstatt Rhinozeros
und Ökotopia

Komm', tanz mit!

Jedes Kind nimmt sich einen Stuhl und setzt sich damit irgendwo im Raum hin. Zwischen den einzelnen Stühlen sollte noch genügend Platz sein, um dazwischen durchzutanzen. Ein Kind hat keinen Stuhl. Es beginnt mit dem Spiel. Zu einer schnellen Musik tanzt das Kind zwischen den sitzenden Kindern hindurch. Dabei fordert es einzelne Kinder durch antippen auf, mitzutanzen. Es muß dabei aber jedem Kind möglichst auf ein anderes Körperteil tippen. Jedes angetippte Kind tanzt hinter dem/der VortänzerIn her. Wenn alle Kinder mittanzen, unterbricht die Spielleitung die Musik. So schnell wie möglich sucht jedes Kind sich einen Platz. Das Kind, das keinen Platz findet, beginnt die nächste Spielrunde.

Variante des Spiels:
Die Gruppe denkt sich vorher ein Körperteil aus. Nur wenn die Kinder durch Antippen dieses Körperteils von der vortanzenden Person aufgefordert werden, mitzutanzen, tanzen sie auch tatsächlich mit. Der/die VortänzerIn probiert nun alle möglichen Körperteile aus, bis es schließlich das erste Kind zum mittanzen bewegt hat.

7.6 Musik und Tanz für Feiern und Feste

Stuhlkreisel

Gruppierung: 8 und mehr Kinder

Material: Stühle für die Hälfte der Gruppe

Musiktip: möglichst schnelle Musik

Im Raum werden für die Hälfte der Kinder Stühle verteilt. Zwischen den Stühlen muß genügend Platz sein, um noch dazwischen zu tanzen. Die Hälfte der Gruppe nimmt auf den Stühlen Platz. Die übrigen tanzen zwischen den Stühlen hindurch. Ein tanzendes Kind kann mit einem sitzenden Kind die Rolle tauschen, indem es einmal um das sitzende Kind herumtanzt.
Wichtig: die Spielleitung sollte darauf achten, daß die Kinder möglichst oft die Rollen tauschen!

Tanzarten

Gruppierung: 2 und mehr Kinder

Material: —

Musiktip: unterschiedlichste Musikstücke wie Walzer, Trommelmusik, Rock & Roll, Pop etc. (siehe: Anhang)

Als Vorbereitung für dieses Spiel müssen von der Spielleitung die unterschiedlichsten Musikstücke nacheinander auf einer Musikcassette aufgenommen werden oder bei verschiedenen Cassetten an die jeweils entsprechenden Anfangsstellen der Lieder gespult werden.
Nun kann das Spiel beginnen! Es werden nacheinander unterschiedliche Musikstücke eingespielt. Dabei sollte die Spielleitung darauf achten, daß der Kontrast zwischen den einzelnen Liedern möglichst groß ist, also z.B. ein Wechsel von Klassik zu wilder Trommelmusik.
Die Kinder bewegen sich zur jeweiligen Musik durch den Raum und versuchen, ihre Tanzart der jeweiligen Musik anzupassen. Die Spielleitung sollte bei diesem Spiel nach Möglichkeit mittanzen und den Kindern einige unterschiedliche Tanzarten zeigen.

7.8 **Musik und Tanz für Feiern und Feste**

Wer tanzt mit mir?

Gruppierung: 6 und mehr Kinder

Material: —

Musiktip: siehe vorherige Spielkarte

Wieder werden die unterschiedlichsten Musikstücke eingespielt.
Zu Beginn tanzt jedes Kind alleine. Ruft die Spielleitung eine Zahl aus, z.B. „drei!" so bedeutet dies, daß sich schnell drei Kinder zu einer Tanzgruppe zusammenfinden müssen. Sie versuchen nun, sich zu dritt auf eine Tanzart oder gar auf einen Gruppentanz zu einigen, der zu der Musik paßt. Wird erneut eine Zahl ausgerufen, müssen sich neue Tanzpaare zusammenfinden.
Zu Anfang kann es für die Kinder hilfreich sein, wenn die Spielleitung nach jeder Gruppenfindung die Kinder erst wieder alleine tanzen läßt, d.h. also, zunächst die Zahl „eins!" ausruft. Die Wechsel sollten bei diesem Spiel nicht so schnell vollzogen werden.

8. Gruppenspiele mit Musik

Hier finden sich Musik- und Tanzspiele, bei denen die Kinder in kleinen Gruppen agieren. Gemeinsam sollen sie als Gruppe tänzerisch eine Aufgabe lösen, sich in einer bestimmten Form bewegen, Kontakt mit einer anderen Gruppe aufnehmen, das Gegenteil zur anderen Gruppe bilden oder ähnliches.

Dabei ist es wichtig für jedes einzelne Kind, sich in die Gruppe zu integrieren, und sein Spiel- und Tanzverhalten mit der Gruppe abzustimmen.

Diese Gruppenspiele mit Musik sollten daher nicht unbedingt als Einstieg gewählt werden, will man mit einer Gruppe anfangen zu tanzen. Es ist sinnvoll, Kindern vorher die Möglichkeit zu geben, sich und sein eigenes Tanzverhalten und Tanzvermögen alleine zu erleben. (siehe hierzu: Spiele in den vorangehenden Rubriken)

8.1 Gruppenspiele mit Musik

Kontaktaufnahme

Gruppierung: 8 und mehr Kinder

Material: ein langes Seil, verschiedene Gegenstände wie: Stöcke, Seile, Tücher, Luftballons, verschiedene Instrumente, Hüte etc.

Musiktip: wechselnde Musik

Durch den Raum wird in der Mitte ein Seil gespannt. Dieses Seil darf während des Tanzens nicht übertreten werden. (Bauchhöhe)
Die Kinder werden in 2 Gruppen geteilt und begeben sich in die beiden Felder rechts und links des Seiles. Jedes Kind erhält einen Gegenstand, mit dem es sich anschließend zur Musik in seinem Tanzfeld bewegen soll. Durch Zublinzeln können Kinder mit anderen Kindern auf der anderen Seite des Seiles Kontakt aufnehmen, wenn ihnen deren Gegenstand besonders gut gefällt. Über das Seil hinweg dürfen sie dann ihre Gegenstände tauschen.

8.2 **Gruppenspiele mit Musik**

Vogelscheuche

Gruppierung: 15 und mehr Kinder

Material: Kordel, Tesa-Krepp, Zeitungen, kleine Instrumente, alte Schuhe, alter Hut

Musiktip: mäßig, schnelle Musik

Ein Kind der Gruppe wird „verwandelt" in eine bunte Vogelscheuche. Diese ist behängt mit Zeitungsfetzen, selbstgebauten Instrumenten, Glockenbändern etc. Auf dem Kopf trägt sie einen alten Hut, an den Füßen große, alte Schuhe. Die „Vogelscheuche" steht in der Mitte des Raumes, — ganz unbeweglich.

Wenn die Musik angeht, tanzen die übrigen Kinder als Vogelschwarm um die Vogelscheuche herum und versuchen vorsichtig, an die Schuhe der Vogelscheuche zu gelangen. Die Vogelscheuche kann das verhindern, indem sie sich rüttelt und schüttelt und so ihre Instrumente und Zeitungsschnipsel in Bewegung bringt. Sofort müssen dann alle tanzenden „Vögel" ein Stück zurückweichen. Gelingt es einem „Vogelkind", die Schuhe zu berühren, so ist dieses Kind die neue Vogelscheuche.

8.3 Gruppenspiele mit Musik

Stock oder Hut?

Gruppierung: 14 und mehr Kinder

Material: Tesa-Krepp, Zeitungen

Musiktip: langsame, ruhige Musik (z.B. Meditationsmusik, A. Vollenweider, Kitaro)

Mit Hilfe von Zeitungen und Tesa-Krepp werden für die eine Hälfte der Kindergruppe Papierhüte, für die andere Hälfte Papierstöcke hergestellt.
Wenn die Musik ertönt, müssen alle Kinder die Augen schließen und sich ganz langsam tanzend durch den Raum bewegen. Es sollen sich nun blind (tastenderweise) Pärchen zusammenfinden (1 Paar = 1 Kind mit Hut und 1 Kind mit Stock).
Blind tanzend sucht jedes Kind sein „Gegenstück“.
Haben sich alle Paare gefunden, tanzen sie mit geöffneten Augen noch ein wenig zur Musik, bis diese allmählich ausgeblendet wird.

8.4 Gruppenspiele mit Musik

Memory

Gruppierung: ab 10 Kinder

Material: 1 Tapetenrolle, Tesa-Krepp, etwa 32 doppelte Bildkarten (15 x 15 cm)

Musiktip: schnelle Musik

Die eine Hälfte der vorbereiteten Bildkarten wird auf vier große Tapetenstücke geklebt und an vier verschiedenen Stellen des Raumes aufgehängt. Die andere Hälfte der gegengleichen Bildkarten ist in der Hand der Spielleitung.
Zur Musik bewegt sich die Spielgruppe kreuz und quer durch den Raum. Bei Musikstop zeigt die Spielleitung eine Bildkarte und alle Kinder sollen sich schnell vor das entsprechende Plakat stellen.

Variante des Spiels:
Es werden nur Bildkarten gezeichnet, auf denen Dinge sind, die Geräusche machen. Haben die Kinder das richtige Plakat gefunden, geben sie alle das Geräusch ab (z.B. Auto, Wecker, Vogel, Frosch, Zug etc.)

8.5 Gruppenspiele mit Musik

Kreis oder Viereck?

Gruppierung: ab 10 Kinder

Material: Tesa-Krepp, Kartonkarten mit den Symbolen: Kreis, Viereck, Dreieck

Musiktip: schnelle Musik

Auf den Boden werden mit Tesa-Krepp möglichst gleich viele Kreise und Vierecke geklebt (insgesamt sollte dies die Anzahl der mitspielenden Kinder dividiert durch 2 sein).
Alle bewegen sich zur Musik durch den Raum. Bei Musikstop hält die Spielleitung eine Kartonkarte, also „Kreis“ oder „Viereck“ hoch.
Sofort müssen alle Kinder in das jeweilige Zeichen springen. Die Kinder, die keinen Platz mehr finden, bilden auf dem Boden gemeinsam einen Kreis oder ein Viereck. Dann geht's weiter mit Musik.
Später kann auch noch ein Dreieck dazukommen.

8.6 Gruppenspiele mit Musik

Gespenstische Begegnungen

Gruppierung: 10 Kinder und mehr

Material: 2 große, weiße Bettücher, am besten mehrere, zusammengenähte Bettlaken, evtl. Taschenlampen

Musiktip: Gespenstermusik, z.B. „Gespenstertango" von H.v. Veen

Die Kinder werden in zwei Gruppen eingeteilt. Jede Gruppe erhält ein Gespensterkostüm, also ein großes, weißes Bettuch. Dieses sollte so groß sein, daß alle Kinder einer Gruppe darunter genügend Platz haben. Die Kinder begeben sich unter das Tuch. Nun wird der Raum abgedunkelt, denn es beginnt die Geisterstunde.
Die beiden Riesengespenster tanzen zu einer unheimlichen Gespenstermusik unter dem Tuch. Dabei darf kein kleines Gespenst das Tuch verlassen. Gespenstische Begegnungen ergeben sich mit dem zweiten, großen Gespenst, das ebenfalls durch den Raum tanzt. Ein Gespenst kann mit dem anderen Gespenst Kontakt aufnehmen, es befühlen, drum herum tanzen, es erschrecken.

Variante des Spiels:
Jedes Kind erhält eine Taschenlampe. Damit leuchten alle zum Gespenstertanz unter dem Tuch wild umher.

8.7 Gruppenspiele mit Musik

Ketten-Chaos

Gruppierung: 10 Kinder und mehr

Material: Für die Hälfte der Kinder je ein farbiges Tuch (Größe: mind. 80 x 80 cm und größer)

Musiktip: schnelle, rhythmische Musik

Musik-Tanz-Spielekartei
Spielwerkstatt Rhinozeros
und Ökotopia

Die Kinder werden in 2 Gruppen eingeteilt. Die eine Gruppe erhält je Kind ein farbiges Tuch. Jedes Kind dieser Gruppe bindet sein Tuch an einem Ende um ein Handgelenk (nicht zu fest!), so daß das Tuch locker herunterhängt.

Die Gruppe mit den Tüchern hat nun die Aufgabe, sich zu einer Kette zusammenzufinden. Als Verbindungsglieder sollen die Tücher verwendet werden. Die Kinder tanzen durch den Raum und bewegen dabei ihren „Tuch-Arm" in Wellenbewegungen auf und nieder. Begegnen sie einem anderen Kind mit Tuch, so können die beiden die Kette schließen, indem ein Kind das Tuch des anderen erfaßt. Zu zweit tanzen sie weiter und versuchen, die Kette zu verlängern.

Gestört wird dieser Kettentanz durch die zweite Gruppe. Sie muß versuchen, durch Kettenverbindungen (= Tuchverbindungen) hindurchzutanzen. Gelingt dies, so muß die Verbindung sofort gelöst werden.

8.8 Gruppenspiele mit Musik

Ebbe und Flut

Gruppierung: mind. 20 Kinder und mehr

Material: je Kind ein farbiges Tuch (Größe: 80 x 80 cm und größer), Gong oder Trommel

Musiktip: langsame, meditative Musik; z.B. „Brandung" v. Novalis

Jedes Kind befestigt sein Tuch (siehe Skizze, Spiel 6.7) Nun werden Gruppen gebildet. In jeder Gruppe sollten mindestens 10 Kinder sein, die sich in einer Reihe hintereinander aufstellen. Der Raum muß ausreichend groß sein, z.B. ein Turnraum. Jede Gruppe versucht, gemeinsam eine Welle darzustellen. Die Kinder hocken auf dem Boden und fassen jeweils die beiden Enden des Tuches des vor ihm sitzenden Kindes an. Die Spielleitung spielt eine ruhige Musik ein. Die Kinder schließen die Augen. Die Welle beginnt beim letzten Kind jeder Reihe. Langsam bewegt dieses Kind das Tuch des vorderen Kindes auf und nieder. Sobald dieses die Bewegung an seinem Rücken spürt, bewegt es ebenfalls das nächste Tuch. So wandert eine Wellenbewegung von hinten nach vorne. Da gerade Flut ist, erhebt sich das erste Kind der Reihe irgendwann langsam, und während die Tuchwellen weiter ständig von hinten nach vorne wandern, bewegt sich nun auch die Welle als Ganzes mit kleinen tänzerischen Schritten nach vorne. Plötzlich ertönt ein leiser Gong, das Zeichen zum Wechsel der Gezeiten: Ebbe. Die Tuchwellen gehen weiter, doch jetzt bewegt sich die gesamte Welle rückwärts.
Dieses Spiel eignet sich für Kinder im Grundschulalter.

9. Mit Pauke, Rassel, Tambourin

Die unter dieser Rubrik beschriebenen Spiele könnten eine Einführung für Kinder in das kreative Arbeiten mit einfachen Instrumenten sein. Sie drehen sich besonders stark um das Gehör: Spiel — Wechselspiel, Aktion — Reaktion, sind hauptsächlich Inhalt dieser Spiele.

9.1 **Mit Pauke, Rassel, Tambourin**

Der wandernde Ton

Gruppierung: 7-25 Kinder

Material: einfache Instrumente (z.B. Orff) für jedes Kind

Musiktip: —

Alle Kinder haben sich mit ihrem Instrument vertraut gemacht und stehen oder sitzen im Kreis zusammen. Ein Kind beginnt, einen Ton nach rechts im Kreis weiterzugeben. Das nächste Kind nimmt den Ton auf und gibt ihn ebenfalls nach rechts weiter. So wandert der Ton im Kreis herum.
Möchte ein Kind die Richtung ändern, spielt es den Ton zweimal kurz hintereinander. Jetzt wandert der Ton links herum.
Besonders spannend wird es, wenn das Tempo gesteigert wird.

Varianten des Spiels:
1) Der wandernde Ton wird lauter oder leiser, wobei jedes Kind den Ton um einige Phon steigert oder herabsetzt.
2) Jedes Kind spricht seinen Namen und spielt dazu einen passenden Ton.

9.2 Mit Pauke, Rassel, Tambourin

Gruppierung: 7-25 Kinder

Material: einfache Klanginstrumente (z.B. Orff) für jedes Kind

Musiktip: —

Ich schicke einen Ton zu...

Alle stehen oder sitzen mit ihren Instrumenten im Kreis. Das jüngste Kind darf beginnen. Es schickt einen bestimmten Ton zu einem anderen Kind im Kreis. Das angerufene Kind hört genau zu und spielt den Ton nach. Dann kann es einen neuen Ton zu einem anderen Kind schicken.

Anmerkung:
Dieses Spiel eignet sich besonders gut zum Kennenlernen der Namen.

9.3 **Mit Pauke, Rassel, Tambourin**

Große Ohren machen

Gruppierung: 7-15 Kinder

Material: einfache Klanginstrumente (z.B. Orff)

Musiktip: —

Wenn die Augen nichts sehen, werden die Ohren größer.
Ein Kind hat ein Instrument (z.B. Rassel, Glöckchen, Flöte). Alle anderen haben die Augen geschlossen und versuchen zu hören, wo sich das Instrument befindet. Irgendwann versteckt das Kind das Instrument und die anderen dürfen es suchen.

Varianten des Spiels:
1) Die „Blinden" folgen dem Instrumentenklang. Der/die Mitspieler/in mit Instrument bewegt sich spielenderweise, aber langsam im Raum umher.
2) Die „Blinden" sollen bei dieser Variante mit geschlossenen Augen zeigen, aus welcher Richtung der Ton kommt.

9.4 **Mit Pauke, Rassel, Tambourin**

Ton und Bewegung

Gruppierung: 6-12 Kinder

Material: einfache Klanginstrumente (z.B. Orff)

Musiktip: —

Die Kinder spielen sich gegenseitig die Instrumente vor. Dann wird eines ausgewählt und gespielt. Die anderen probieren eine einfache Bewegung dazu, die am besten zum Klang paßt. So versuchen sie, zu jedem Instrument eine geeignete Bewegung zu entwickeln.
Dann teilt sich die Gruppe. Eine Hälfte hat die Instrumente vor sich liegen, die anderen spielen die Bewegung. Nun sollen die BewegungspielerInnen auf die InstrumentenspielerInnen reagieren.
Anschließend sollte das auch umgekehrt probiert werden.

Anmerkung:
Die Instrumente müssen sich klanglich unterscheiden.

9.5 **Mit Pauke, Rassel, Tambourin**

Echospiel

Gruppierung: 6-12 Kinder

Material: einfache Klanginstrumente (z.B. Orff)

Musiktip: —

Das Echospiel läßt sich am besten ausführen, wenn sich die Kinder nicht sehen. Alle sollten sich schon mit ihrem Instrument vertraut gemacht haben.
Die EchospielerInnen stellen sich in einer Reihe mit dem Gesicht zur Wand. Nun stellt sich ein anderes Kind an die gegenüberliegende Wand und spielt eine kurze Klangfolge. Die anderen horchen und spielen das Echo.
Ansschließend darf ein anderes Kind eine Klangfolge vorspielen.

9.6 **Mit Pauke, Rassel, Tambourin**

Musikalischer Umzug

Gruppierung: 10-30 Kinder

Material: viele Klanginstrumente

Musiktip: —

Der musikalische Umzug könnte Höhepunkt einer ganzen Spielrunde mit verschiedenen Klanginstrumenten sein.
Zunächst probieren alle Kinder, zum Rhythmus ihres Instrumentes durch den Raum zu gehen. Treffen sie ein anderes Kind, zeigen sie sich gegenseitig ihren Rhythmus-Gang. Können sich zwei Kinder auf einen gemeinsamen Rhythmus einigen, gehen sie zusammen weiter. Sie treffen wieder andere und probieren weiter, auf einen gemeinsamen Rhythmus zu kommen.
Spielen und gehen schließlich alle Kinder gemeinsam, so beginnt der musikalische Umzug durch das Haus, den Garten, den Spielplatz u.s.w.

Anmerkung:
Die Spielleitung kann ebenso anregen, zur Steigerung noch Geräusche mit der Stimme zu machen.

9.7 **Mit Pauke, Rassel, Tambourin**

Nanu, was war denn das?

Gruppierung: 3-12 Kinder

Material: Bettuch o.ä., viele verschiedene Instrumente (z.B. Orff)

Musiktip: —

Hinter einem gespannten Tuch (Vorhang) liegen die Instrumente bereit. Die Kinder sitzen vor dem Vorhang und dürfen nicht dahintersehen.
Ein Kind darf hinter dem Tuch ein Instrument kurz anspielen; die anderen Kinder raten, welches Instrument das sein könnte.
Dann kann ein anderes Kind etwas spielen, bis alle einmal an der Reihe waren.

Anmerkung:
Die Kinder müssen die Instrumente kennen und damit schon einmal gespielt haben.

9.8 **Mit Pauke, Rassel, Tambourin**

Ein Ton geht auf die Reise

Gruppierung: 5-10 Kinder

Material: einfache Klanginstrumente

Musiktip: —

Die Spielgruppe spielt mit den Instrumenten und einigt sich dabei auf einen Ton. Dieser Ton macht sich dann auf die Reise und erlebt viele Abenteuer.
Eine Möglichkeit ist, der Ton wandert von Hand zu Hand und wer den Ton in der Hand hat, erzählt, was gerade passiert.
Die anderen helfen dabei, die Geschichte mit Geräuschen zu untermalen.

Beispiel:
Der Ton beginnt seine Reise auf einer Landstraße, andere Autos rasen an ihm vorbei, kleine und große Lastwagen. Dann sieht er am Straßenrand einen kleinen Teich und watet durch hohes Gras dorthin...

Anmerkung:
Besonders gut als Ton eignet sich eine Glocke oder Triangel.

10. Klingender Krimskrams

Aus sogenanntem „Krimskrams“ können schöne Musikinstrumente ohne viel Aufwand hergestellt werden. Dabei werden zunächst einige Anregungen gegeben für den Bau einzelner, klingender Instrumente. Sie lassen sich leicht mit Kindern im Kindergarten- und Grundschulalter bauen. Dies erfordert nur wenig Hilfestellungen der Erwachsenen.
Die Spielkarten 4-8 beinhalten Vorschläge, selbstgebaute Instrumente zu einem „Ganzen“ zusammenzuführen. Das bedeutet, viele Instrumente werden zu einem großen Instrument (wie beim „Regenschirmkarussell“ oder „Musikalischen Vorhang“) oder sie sind ständig greifbar und einsatzbereit an einem „Klanggerüst“.
Besonders das „Klanggerüst“ ist mit einigem Aufwand verbunden und kann daher z.B. in Zusammenarbeit mit den Eltern an einem Werktag fertiggestellt werden.

10.1 Klingender Krimskrams

Rasseln

Gruppierung: —

Material: verschiedene Plastikflaschen, Füllmaterial, Teedosen, Kaffeedosen, Kleister, bunte Papierservietten, evtl. Lackfarbe

Musiktip: —

Rasseln gehören zu den einfachsten, selbstzubauenden Instrumenten. Wir haben hier einige Möglichkeiten dargestellt, wie man Rasseln aus kostenfreien Materialien selbst herstellen kann.

Rasseln aus Plastikflaschen

Plastikflaschen fallen in jedem Haushalt als Müll an, z.B. vom Geschirrspülmittel, Haarshampoo, Weichspüler, Putzmittel. Daraus lassen sich prima Rasseln herstellen. Die Flaschen werden zunächst gespült. Danach füllt man die Flaschen mit den unterschiedlichsten Füllmaterialien. (z.B. Sand, kleine Steine, Kronkorken, Erbsen etc.) So hat jede Rassel einen anderen Klang. Nun werden die Flaschen fest zugeschraubt.

Damit sie bunter aussehen, kleistern wir die Flaschen ein und bekleben sie mit bunten Papierservietten. Jetzt müssen die Rasseln noch gut trocknen.

Dosenrasseln

Auch aus Teedosen oder Kaffeedosen lassen sich Rasseln herstellen. In die Dosen werden wieder die unterschiedlichsten Füllmaterialen gegeben. Anschließend verschließen wir die Dosen. Natürlich können die Dosen mit Lackfarbe noch bunt gestaltet werden.

10.2 Klingender Krimskrams

Dosentrommel

Gruppierung: —

Material: verschieden große Blechdosen und Keksdosen, Kordel oder dicker Bindfaden, alte Gürtel, Hammer, Schere, ein Nagel,

Musiktip: —

Aus einer großen, runden Keksdose bauen wir eine Trommel. Dazu schlagen wir mit Hammer und Nagel durch die Außenseite der Dose zwei sich gegenüberliegende Löcher. (siehe Skizze unten)
Durch diese Löcher ziehen wir nun eine Kordel und verknoten sie im Inneren der Dosen, sodaß sie nicht mehr durch das Loch rutscht. Die Kordel sollte so lang sein, daß die Trommel den Kindern beim Umhängen vor dem Bauch hängt. Nun verschließen wir die Dosen mit dem Deckel. Eventuell könnt Ihr noch etwas Reis vorher hineinfüllen. Das erzeugt beim Trommeln einen Sirrton. Zwei Stöcke, die die Kinder draußen im Garten suchen, dienen als Schlagstöcke.

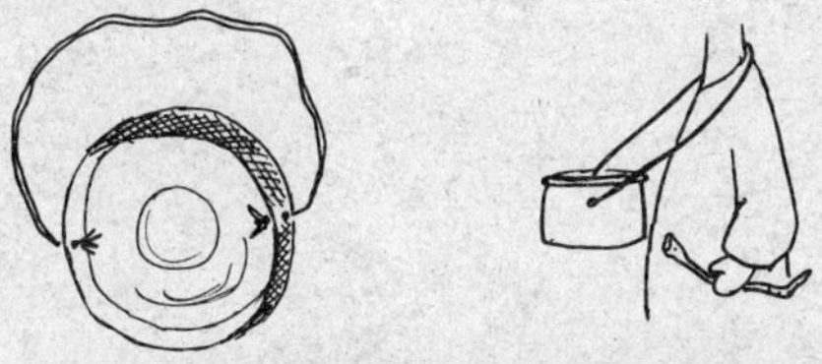

10.3 Klingender Krimskrams

Glockenbänder

Gruppierung: —

Material: alter Gürtel (oder Lederrest), Lochzange (oder Hammer und Nagel), Ledernadel, Faden, Glöckchen, 2 ca. 15 cm lange Lederbänder

Musiktip: —

Die Gürtel werden auf eine Länge geschnitten, so daß sie um ein Hand- oder Fußgelenk des Kindes passen. An den beiden Enden des Gürtels werden mit einer Lochzange oder auch mit Hammer und Nagel je ein Loch gestoßen. (siehe Skizze unten)
Durch diese Löcher ziehen wir nun zwei Lederbänder, mit denen wir am Ende den Gürtel um das Gelenk binden können. Im Abstand von ca. 2 cm werden nun auf den Gürtel mit einer Ledernadel Glöckchen genäht. Die Glöckchen können auch unterschiedliche Größen haben. Schon ist das erste Glockenband fertig!
Natürlich kann man statt eines Gürtels auch alte Lederreste verwenden.

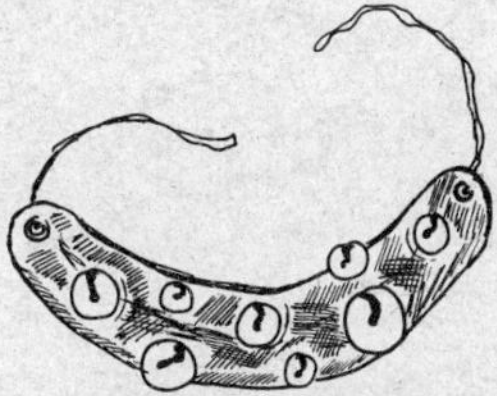

10.4 Klingender Krimskrams

Regenschirm-karussell

Gruppierung: —

Material: ein alter Regenschirm, verschiedene, krachmachende Gegenstände (siehe: Text), Bindfaden

Musiktip: —

Musik-Tanz-Spielekartei Spielwerkstatt Rhinozeros und Ökotopia

Aus einem alten Regenschirm läßt sich ein schönes, klingendes Instrument bauen, das sicher in jeder Einrichtung oder auch auf einem Kindergeburtstag noch viel zum Einsatz gebracht wird.
Zuerst benötigen wir verschiedene, krachmachende Gegenstände: leere Blechbüchsen (mehrere zusammengebunden), Suppenlöffel (zu einem Bündel zusammengefaßt), mit kleinen Steinen gefüllte Plastikflaschen, Holzlöffel, mehrere, auf ein Band gezogene Kronkorken, verschieden große Glöckchen und was Euch sonst noch einfällt.
Nun wird der Regenschirm aufgespannt. An den Enden des gespannten Regenschirms befestigen wir mit einem Faden rund um den Schirm verschiedene, klingende Gegenstände.
Dreht man diesen Regenschirm oder hebt und senkt ihn, so macht dies einen „ höllischen“ Lärm.
Eine Spielidee mit dem Regenschirmkarussell findet Ihr in der Rubrik: „Was klingt denn da?“

10.5 Klingender Krimskrams

Der musikalische Vorhang

Gruppierung: —

Material: ein alter Türvorhang mit vielen einzelnen Bändern, verschiedene, klingende Gegenstände (siehe: Text), etwas Schnur

Musiktip: —

Auch ein alter, ausgedienter Türvorhang mit vielen einzelnen Bändern (z.B. ein Fliegenvorhang) kann gut zu einem Rauminstrument umgestaltet werden. (Ihr könnt so einen Vorhang natürlich auch mit einem Stock (ca. 1,20 Meter lang) und an ihm befestigten Bändern einfach selbst herstellen.) Zunächst wird der Vorhang an irgendeinem Türrahmen der Wohnung oder Einrichtung befestigt. Einzelne Bänder werden nun auf unterschiedliche Längen gekürzt. An ihren Enden befestigen wir verschiedene, klingende Instrumente:

- Konservenbüchsen (zu Bündeln zusammengefaßt)
- mit Steinchen, Reis o.ä. gefüllte und anschließend zugeklebte Joghurtbecher oder auch Toilettenrollen
- an Bändern aufgereihte Kronkorken,
- Glöckchen in verschiedenen Größen
- Löffel, zu Bündeln zusammengefaßt
- mehrere, kurze Bambusstabstücke, zu Bündeln zusammengefaßt

Wer nun durch den Vorhang den Raum betritt, erhält einen klingenden Empfang.

10.6 Klingender Krimskrams

Klanggerüst (1)

Gruppierung: —

Material: 15 Dachlatten (gehobelt), ca. 20 Schrauben mit Muttern (Länge: 6 cm, Durchmesser: 0,5 cm), 20 Holzkugeln, Säge, Bohrmaschine (Holzbohrer), Schraubendreher, Schmiergelpapier, Gärungsblock, Hammer, 2-3 Knopfscharniere, 2 Rundhölzer (Länge: 20 cm, Durchmesser: 0,5 cm)

Musiktip: —

Musik-Tanz-Spielekartei Spielwerkstatt Rhinozeros und Ökotopia

Das Klanggerüst, an das viele, selbstgebaute Instrumente, (auch Töpfe, Ofenroste etc.) gehängt werden können, besteht aus zwei gleichgroßen Holzrahmen. (Höhe: 1,60 Meter; Breite: 1 bis 1,20 Meter). Die einzelnen Latten werden mit Schrauben verbunden; dabei ist darauf zu achten, daß alle Schraubenenden mit Muttern in eine Richtung zeigen. Auf die Schraubenenden werden Holzkugeln als kindersicherer Abschluß gedreht. Außerdem haben diese auch eine dekorative Wirkung. Die einzelnen Trägerrahmen können nun je nach Bedarf noch mit zusätzlichen Latten unterteilt werden. Somit erhöht sich die Möglichkeit, viele Instrumente anzubringen. Die teilenden Latten können mit Bohrlöchern versehen werden, um Instrumente anzuhängen; es reicht jedoch auch, diese mit Kordeln lediglich anzubinden. Die beiden fertigen Rahmen werden nun durch Scharniere (besonders zu empfehlen sind Knopfscharniere, da jederzeit aushängbar) miteinander verbunden. Dabei muß der Klappmechanismus entgegengesetzt der Richtung funktionieren, in die die Schrauben mit den Holzkugeln zeigen, da diese sich sonst gegenseitig blockieren.

10.7 Klingender Krimskrams

Klanggerüst (2)

Gruppierung: —

Material: siehe Spielkarte 1

Musiktip: —

Als Verstärkung des Gerüstes und zur besseren Standfestigkeit sind Querlatten zu empfehlen. Diese werden so oben und unten am Gerüst montiert, daß sie Winkel bilden, die das Gerüst stützen. Die Querlatten werden an den Enden schräg angeschnitten (Gehrungsblock) und mit Bohrlöchern versehen. Im Gerüst selbst, jeweils an einem Trägerrahmen, werden im richtigen Abstand Rundhölzer eingesetzt (mit Hilfe einer Bohrmaschine und Hammer). Die Querlatten anschließend einhängen. Bei Verwendung von Knopfscharnieren ist das Klanggerüst jederzeit gut auf- und abzubauen; auch ein eventueller Transport ist so leichter möglich. Werden mehrere solcher Gerüste gebaut, so kann das Gerüst beliebig verlängert werden.
Das Klanggerüst, ständig präsent z.B. im Eingangsbereich des Kindergartens oder der Schule, ist schnell beliebter Blickfang und animiert zum Probieren. Es ist auf der folgenden Karte nochmals als Skizze abgebildet.

10.8 Klingender Krimskrams

Klanggerüst (3)

Gruppierung: —

Material: siehe Spielkarte 1

Musiktip: —

Musik-Tanz-Spielekartei
Spielwerkstatt Rhinozeros
und Ökotopia

11. Was klingt denn da?

Mit selbstgebauten Instrumenten lassen sich viele schöne Spiele der unterschiedlichsten Art durchführen.
Wenn Kinder diese Instrumente selbst gebaut haben, machen die Spiele ihnen besonders viel Spaß.
Dabei werden Kinder sehr bald feststellen, daß auch jedes selbstgebaute Instrument seinen eigenen, spezifischen Klang hat. Jedoch sind die Klänge dieser Musikinstrumente nicht so leicht zu unterscheiden wie beispielsweise bei Orffschen Instrumenten. Die Spiele erfordern deshalb viel Konzentration und Aufmerksamkeit. Die Spielgruppen sollten bei diesen Spielen also nicht allzu groß sein.

11.1 **Was klingt denn da?**

Karusselldirigent

Gruppierung: 4 und mehr Kinder

Material: Regenschirmkarussell (siehe: Rubrik: „Klingender Krimskrams“)

Musiktip: —

Ein Kind tanzt mit dem Regenschirmkarussell. Die übrigen Kinder bewegen sich durch den Raum und machen dabei das Geräusch eines Instrumentes ihrer Wahl. (z.B. Trompete, Trommel, Flöte, Schlagzeug etc.) Doch aufgepaßt, wenn der/die Karusselldirigent/in den Regenschirm stoppt, müssen auch alle Instrumente schweigen.
Nach einiger Zeit darf ein anderes Kind die Gruppe mit dem Regenschirm dirigieren.

11.2 Was klingt denn da?

Gleiches?

Gruppierung: 4, max. 8 Kinder

Material: selbstgebaute Instrumente (je zwei Instrumente der gleichen Art)

Musiktip: —

Die Kinder sitzen im Kreis. Ein Kind geht mit einem Instrument seiner Wahl in die Mitte. (z.B. mit einer Waschmitteltrommel)
Die Spielleitung verbindet dem Kind in der Mitte die Augen. Die übrigen Kinder erhalten je ein Instrument. Dabei muß ein Kind das gleiche Instrument bekommen wie das Kind in der Mitte. Dieses Kind in der Mitte des Kreises spielt sein Instrument nun einmal kurz an. Ein Kind aus dem Kreis antwortet mit seinem Instrument. Das antwortende Kind sollte zu Anfang von der Spielleitung durch Fingerzeig bestimmt werden, damit nicht mehrere Instrumente gleichzeitig antworten. Hat ein Kind mit seinem Instrument geantwortet, so muß das Kind in der Mitte raten, ob es sich um das gleiche Instrument handelt wie sein eigenes. War es nicht das Gleiche, so lockt das Kind erneut mit seinem Instrument. Wieder erhält es Antwort von einem Instrument im Kreis.
Wird das Kind sein Gegenstück wohl herausfinden?

11.3 Was klingt denn da?

Tanz durch die Gasse

Gruppierung: 12 und mehr Kinder

Material: selbstgebaute Instrumente, Stühle

Musiktip: schnelle Musik

In der Mitte des Raumes werden 2 gegenüberliegende Stuhlreihen aufgebaut. Zwischen den Reihen sollten ca. 1,5 — 2 Meter Abstand sein. Die Hälfte der Gruppe nimmt auf den Stühlen mit den Gesichtern zueinander Platz. Sie erhalten je ein selbstgebautes Musikinstrument. Die übrigen Kinder tanzen frei im Raum zu einer schnellen Musik. Jedes Kind, das Lust hat, darf durch die Gasse, also zwischen den beiden Stuhlreihen hindurchtanzen. Die sitzenden Kinder begleiten dann diesen Tanz durch die Gasse mit ihren selbstgebauten Instrumenten.

Variante des Spiels:
Die sitzenden Kinder begleiten den Tanz durch die Gasse nicht mit ihren Instrumenten, sondern nur mit Körpermusik (stampfen, klatschen, mit den Fingern schnippen, kreischen, auf die Oberschenkel klatschen u.s.w.).

11.4 **Was klingt denn da?**

Gruppierung: 6 und mehr Kinder

Material: selbstgebaute Instrumente

Musiktip: —

Musik-Tanz-Spielekartei
Spielwerkstatt Rhinozeros und Ökotopia

Instrumenten-spaziergang

In einem großen Raum werden verschiedene Instrumente an unterschiedlichen Stellen verteilt. Der Klang der einzelnen Instrumente sollte den Kindern schon bekannt sein.
Die Kinder bilden Paare. Ein Kind jeden Paares kann sehen, das andere ist „blind", d.h. es schließt die Augen. Das sehende Kind führt das „blinde" Kind durch den Raum. Dabei muß dieses das „blinde" Kind fest am Arm führen. Während des Spazierganges halten die beiden an verschiedenen Instrumentenstationen an. Ein Instrument wird kurz angespielt und schon geht der Spaziergang weiter. Das „blinde" Kind muß am Ende, also wenn es die Augen wieder geöffnet hat, aufzeigen, wo es langgeführt wurde. Es muß sich also die Reihenfolge der Instrumente gut merken.
Anschließend wechseln die Kinder die Rollen.
Wichtig: Bei diesem Spiel sollten alle sehr leise sein und möglichst nicht sprechen.

11.5 Was klingt denn da?

Musik hinter dem Tuch

Gruppierung: 2 Kinder

Material: selbstgebaute Instrumente, (je zwei der gleichen Art), ein möglichst undurchsichtiges Bettuch o.ä., etwas Schnur

Musiktip: —

Quer durch den Raum wird ein Tuch gespannt. Auf der einen Seite des Tuches sitzt ein Kind mit verschiedenen, unterschiedlich klingenden Instrumenten. Auf der anderen Seite des Tuches sitzt das andere Kind mit den entsprechenden Instrumenten.
Ein Kind beginnt. Es sucht sich eines seiner Instrumente aus und spielt dieses kurz an. Sofort muß das Kind auf der anderen Seite des Tuches mit dem gleichen Instrument antworten.
Nach einiger Zeit wechseln die Beiden die Rollen.

11.6 Was klingt denn da?

Instrumentenwechsel

Gruppierung: 6 und mehr Kinder

Material: drei sehr unterschiedlich klingende, selbstgebaute Instrumente

Musiktip: —

Drei sehr unterschiedlich klingende, Instrumente werden von drei Kindern gespielt. Die Kinder mit den Instrumenten stehen in der Mitte des Raumes. Alle anderen Kinder verteilen sich im Raum.
Erklingt nur ein Instrument, so laufen die Kinder einzeln herum. Erklingt ein zweites Instrument, müssen sich schnell Paare zusammenfinden, die dann gemeinsam weiterlaufen. Es erklingt wieder nur ein Instrument, die Paare lösen sich und jedes Kind tanzt alleine weiter.
Bei drei Instrumenten, finden sich schnell Dreier-Gruppen zusammen.
Nach jedem Wechsel sollte zunächst stets zu einem Instrument zurückgekehrt werden.
Auch ist es ratsam, zu Anfang nicht mehr als drei Instrumente zu verwenden.

11.7 Was klingt denn da?

Gespenster-geräusche

Gruppierung: 6 und mehr Kinder

Material: verschiedene, selbstgebaute Instrumente sowie andere, klingende Gegenstände, eine Eisenkette, ein großes, möglichst dunkles Tuch

Musiktip: —

Die Kinder sitzen im Kreis auf dem Boden und schließen die Augen. In der Mitte des Raumes befinden sich verschiedene, selbstgebaute Instrumente und andere klingende Gegenstände sowie eine Eisenkette. Sie ist das Zeichen der Gespenster. Drei Kinder setzen sich in die Mitte um die Instrumente herum und werden alle mit einem großen, dunklen Tuch zugedeckt. Bei diesem Spiel sollte es möglichst leise sein.
Die Kinder unter dem Tuch beginnen, mit einzelnen Instrumenten oder Gegenständen Krach zu machen. Erklingt dabei irgendwann auch das Rasseln der „Gespensterkette“, so ist dies das Zeichen, das die Geisterstunde beginnt. Jedes Kind im Kreis, daß meint, die Kette zu hören, erhebt sich leise von seinem Platz und tanzt als Gespenst durch den Raum. Verstummt das Kettenrasseln wieder, setzen sich die Gespenster hin bis zur nächsten „Gespensterstunde“.

11.8 **Was klingt denn da?**

Hör' gut zu!

Gruppierung: 4 und mehr Kinder

Material: verschiedene, selbstgebaute Instrumente, klingende Gegenstände (zwei Topfdeckel, eine Fahrradklingel, zwei Holzlöffel, ein Schlüsselbund, eine Schere o.ä.)

Musiktip: —

Die Kinder stellen sich mit dem Rücken zur Spielleitung in einer Reihe nebeneinander auf. Während des Spiels dürfen sie sich nicht umdrehen. Die Spielleitung hat verschiedene, klingende Gegenstände vor sich liegen. Einzeln spielt sie nun Instrumente vor bzw. läßt klingende Gegenstände fallen (z.B. Schlüsselbund, Schere).

Die Kinder müssen raten, um was für ein Instrument oder um welchen Gegenstand es sich handelt. Wer es weiß, ruft es einfach schnell in den Raum.

Anschließend darf auch einmal ein Kind die Gruppe raten lassen.

12. Körpermusik

Unser Körper ist eine enorme Geräuschquelle. Sogar ungewollt entrinnen ihm dauernd irgendwelche Geräusche.
Kinder produzieren schon im frühen Alter jede Menge unterschiedlicher Geräusche. Einige sind nicht nachzuahmen.
Die Körpermusikspiele behandeln nicht nur Geräusche, die wir mit dem Mund produzieren können, sondern mit dem ganzen Körper.

12.1 **Körpermusik**

Mundorchester

Gruppierung: 7-12 Kinder

Material: —

Musiktip: —

Mit dem Mund können wir eine Vielzahl von Geräuschen erzeugen. Besonders Kinder ahmen während ihres Spiels ständig Umweltgeräusche nach.
Zuerst führen sich die Kinder gegenseitig ihre Töne mit dem Mund vor. Reihum sollen sie dann versuchen, Töne eines Kindes nachzuahmen.
Nach dieser Übungsphase wird ein kleines Mundmusikstück mit Hilfe der Spielleitung zusammengestellt.
Ist die Spielgruppe groß genug, können sich mehrere Gruppen zu je 4 Kindern bilden, die sich gegenseitig ein kleines Mundorchester vorführen.
Beispiel:
br br schschsch
br br schschsch
tz tz tz oooo
tz tz tz oooo

12.2 Körpermusik

Ein Ton geht um

Gruppierung: 7-12 Kinder

Material: Gymnastikreifen oder Seilchen

Musiktip: —

Alle Kinder stehen im Raum verteilt in ihren Reifen oder rundgelegten Seilen. Ein Kind beginnt umherzulaufen und macht mit dem Mund einen einzigen Ton. Springt das Kind zu einem anderen Kind ins „Häuschen", übernimmt das andere Kind den Ton, läuft hinaus und wieder zu einem anderen „Häuschen".
Der Ton wandert so ständig von Reifen zu Reifen. Zwischendurch gibt die Spielleitung ein Signal, dann soll der Ton verändert werden.

Variante des Spiels:
Die Kinder können beim Platzwechseln in ihren „Häusern" auch jedesmal den Ton verändern und einen anderen erfinden.

12.3 Körpermusik

Füße klettern den Berg hinauf

Gruppierung: 7-30 Kinder

Material: —

Musiktip: z.B. Trommelmusik

Zur Einstimmung sollen die Kinder nach Musik nur ihre Füße tanzen lassen. Dann wird die Musik immer leiser gestellt, wobei alle auf die Geräusche achten sollen, die die Füße machen.
Im Kreis versucht dann die Spielgruppe, durch ihre Fußgeräusche zu zeigen, wie sie einen Berg hinauf und wieder hinunterklettert.

Varianten des Spiels:

- bis zur Bergspitze gehen, dann plötzlich stoppen
- an der Bergspitze beginnen und wieder hinuntergehen

12.4 Körpermusik

Gruppierung: 7-30 Kinder

Material: Tafel, Kreide oder auch Tapetenreste und Stifte

Musiktip: —

Ein Bienenschwarm kommt

Die Kinder stellen sich vor, daß ganz weit weg von ihnen ein Bienenschwarm aus seinem Stock herangeflogen kommt.
Sie beginnen, so leise wie möglich zu summen, werden stetig lauter, bis der Bienenschwarm direkt an ihnen vorbeifliegt, um dann wieder in der Ferne zu verschwinden.
Die Spielleitung kann den Weg der Bienen auf einer Tafel zeigen, um den Kindern die Vorstellung der Entfernungsveränderungen zu erleichtern.

Varianten des Spiels:
Auch andere Geräuschideen können so dargestellt werden:
- Luftballons aufblasen bis zum Platzen
- ein Flugzeug startet
- eine abfahrende und ankommende Eisenbahn

Aus diesen Geräuschideen kann ein Ratespiel gemacht werden.

12.5 Körpermusik

Gruppierung: 15 und mehr Kinder

Material: Seilchen oder Bänder, Tierkarten

Musiktip: —

Tierstimmen-Zoo

Im Spielraum werden je nach Größe der Spielgruppe Tierkäfige durch Seilchen oder Bänder gekennzeichnet. Jeweils 4-5 Kinder gehen in einen Käfig und erhalten eine Tierkarte. Eine Gruppe von Kindern verläßt den Raum, sie sind die Zoobesucher. Sie haben heute ihre Brillen vergessen und können im Zoo die Tiere nur an ihren Geräuschen erkennen.
Die „Tiere" sollen ihre Geräusche kurz probieren dürfen.
Die Gruppen wechseln ihre Rollen und erhalten neue Tierkarten.

Anmerkung:
Die Tierkarten sollen nur Tiere darstellen, deren Geräusche gut nachgeahmt werden können (z.B. Esel, Wölfe, Papagei, Elefanten, Affen)

12.6 Körpermusik

Im Wald ist es dunkel

Gruppierung: 12 und mehr Kinder

Material: Tücher für die Hälfte der Kinder

Musiktip: —

Die Hälfte der Kinder stellt im Raum verteilt einen Wald mit klingenden Zauberbäumen dar. Die andere Hälfte bekommt ihre Augen verbunden und soll nun von einer zur anderen Wand den Wald durchqueren.
Damit sie an keinen Zauberbaum stoßen, klingeln die Zauberbäume rechtzeitig, d.h. die Bäume geben irgendein Geräusch ab. So können die Kinder sich einen anderen Weg suchen.
Anschließend werden die Rollen getauscht.

12.7 Körpermusik

Die kleinen Strolche

Gruppierung: 10 und mehr Kinder

Material: —

Musiktip: —

Vorab stellen sich die Kinder gegenseitig verschiedene Uhren vor. Dann spielt eine Hälfte der Kinder Uhren in einem Uhrenladen.
Es ist Nacht, die Uhren sind ganz still und es bewegt sich nichts. Um Mitternacht kommen die kleinen Strolche (= die andere Hälfte der Spielgruppe) und wollen die Uhren alle zum Laufen bringen. Sie ziehen sie hinten an ihren „Flügelschrauben“ geräuschvoll auf.
Dann beginnen die Uhren zu ticken, zu schlagen, rufen „Kuckuck“, es schlägt ein Gong und manche bewegen sich auch dabei.
Die Spielleitung spielt den Uhrenladenbesitzer, der von den vielen Geräuschen seiner Uhren wach wird.
Schnell stellen die kleinen Strolche die Uhren wieder ab und verschwinden.

12.8 Körpermusik

Gespenster

Gruppierung: 5-20 Kinder

Material: —

Musiktip: —

Alle Kinder probieren mögliche Gespenstergeräusche und stellen sie sich reihum vor. Die anderen ahmen sie nach.
Der Spielraum wird verdunkelt. Die Spielleitung legt sich schlafen, ein Kind übernimmt es, mit einem kleinen Instrument 24 Uhr zu schlagen. Nun beginnen die Kinder mit ihrer Gespenstermusik und immer, wenn es ganz besonders stark gruselt, zittert die Spielleitung mit allen Knochen.
Sobald sie das Licht einschaltet, verstummen die Gespenster.

13. Tanzende Hände und Füße

Da Hände und Füße sehr beweglich sind, gibt ihnen diese Beweglichkeit viel Ausdrucksstärke.
Hände und Füße sind auch bei Kindern die Körperteile, die sich gut zur Musik bewegen lassen, sie können mit ihnen sogar Musik machen.
In diesem Bereich sind ganz unterschiedliche Spiele beschrieben: Hände und Füße, die darstellen; Füße, die beim Malen tanzen; laufende Füße, die wieder Bewegungsaufgaben erfüllen müssen.

13.1 Tanzende Hände und Füße

Handschuhtango

Gruppierung: 10 und mehr Kinder

Material: 2 Handschuhe pro Kind, verschiedenes Bastelmaterial (z.B. Wolle, Knöpfe, Schleifenband etc.)

Musiktip: Tangomusik

Jedes Kind trägt zwei Handschuhe. Diese werden vorab mit Wolle, Knöpfen, Schleifen etc. kreativ ausgestaltet.
Die Kinder bilden einen Kreis. Zur Tangomusik beginnt ein Kind mit den Handschuhpuppen zu tanzen; dabei sind die Bewegungen ausschließlich auf die Hände beschränkt. Alle Kinder im Kreis ahmen diese Bewegungen nach. Haben die „Vortänzerhandschuhe" keine Ideen mehr, zeigen sie auf ein anderes Handschuhpaar im Kreis, daß nun vortanzt.

Variante des Spiels:
Hinter einem seitlich gelegten Tisch tanzen zwei Kinder aus den verschiedenen Richtungen kommend mit ihren Handschuhen den Tangotanz als Paar. Dabei sind die übrigen Kinder die Zuschauer. Die Paare wechseln fortlaufend, bis jedes Kind einmal mit jeweils einer Handschuhpuppe hinter der Tischleiste „getanzt" hat.

Tanzende Hände

Gruppierung: mindestens 5 Kinder

Material: —

Musiktip: Klassische Stücke von Händel; Andreas Vollenweider; Flötenmusik

Alle Kinder sitzen oder stehen an einem beliebigen Platz. Zur Musik fangen die Hände an, sich zu bewegen.

Mögliche Themen:

- eine Hand wacht auf, weckt die andere Hand, recken, strecken, munter werden....
- Hände bespielen Instrumente
- Hände sind Schlangen, Krokodile usw.

13.3 Tanzende Hände und Füße

Gruppierung: 5-15 Kinder

Material: schwarze Gärtnerfolie oder Papierrollen (Makulatur), Fingerfarben (ungiftig!), Pinsel

Musiktip: —

Tanzend ein Bild gestalten

Der Raum wird mit schwarzer Gärtnerfolie oder großen Papierrollen ausgeklebt. Die TänzerInnen bemalen sich mit Fingerfarbe die Füße bunt und betanzen die Folie.

Anmerkung:
Für die Spielgruppe ist es sicher schön, wenn die Folie anschließend zum Beschauen aufgehängt wird.

13.4 Tanzende Hände und Füße

Schwarz und weiß

Gruppierung: 6 und mehr Kinder

Material: schwarze und weiße Fingerfarbe oder Schminke evtl. auch Mehl und ein Kohlestück

Musiktip: unterschiedliche Musikstücke

Die Kinder werden in zwei Gruppen eingeteilt. Die eine Hälfte malt ihre Handinnenflächen weiß an, die andere Hälfte schwarz.
Von der Spielleitung werden unterschiedliche Musikstücke eingespielt, die direkt aufeinander folgen. Die Musik sollte variieren, von lebhaft-schnell bis tragend-schwer. Zu dieser Musik bewegen sich die Kinder durch den Raum. Sie sollen tanzend mit ihren Händen in Kontakt treten, sich vielleicht kurz berühren, aufeinanderzutanzen und ausweichen, eine Weile miteinander tanzen, sich mit den Händen wegdrücken usw.
Dabei soll versucht werden, auf die unterschiedliche Musik zu achten und die Tanzart der Musik anzupassen.

Variante des Spiels:
Jedes Kind kann sich auch eine Hand weiß und eine Hand schwarz anmalen. Nun dürfen sich z.B. nur alle weißen und schwarzen Hände begegnen.

13.5 Tanzende Hände und Füße

Fingerspitzengefühl

Gruppierung: 10 und mehr Kinder

Material: —

Musiktip: meditative Musik

Die Kinder stellen sich paarweise gegenüberstehend frei verteilt im Raum auf. Jedes Kind berührt die Fingerspitzen seines Gegenübers.
Nun werden die Augen geschlossen und zur langsamen Musik führt ein Kind das andere durch den Raum. Die Bewegungen sollten dabei nicht starr sein, die Paare bewegen sich zur Musik. Nach einiger Zeit führt das andere Kind.

Anmerkung:
Jüngere Kinder können vorher mit geöffneten Augen probieren, bevor sie die Augen schließen.

13.6 Tanzende Hände und Füße

Hände begrüßen Füße

Gruppierung: 8-20 Kinder

Material: Größeres Tuch, Wäscheleine o.ä.

Musiktip: Chicken Ballett/ Mussorgski; The good old bad old days/ Marek und Vacek

Zuerst wird eine kleine Bühne mit einem Tuch gebaut (z.B. über eine Wäscheleine).
Ein Kind zeigt seinen Fuß den Zuschauern, ein anderes Kind seine Hand. Hand und Fuß treffen sich, gehen wieder auseinander, zwei Füße treffen sich oder zwei Hände. Dazu soll eine lustige Musik gespielt werden. Die Spielenden sollen ständig wechseln.
Aus den Improvisationen kann ein kleines Hand- und Fußtheater entstehen.

13.7 Tanzende Hände und Füße

Der Wecker läutet bei „Rot“

Gruppierung: ab 12 Kinder

Material: Plakatkarton in folgenden Farben: 40 weiße Kartons, 3 rote Kartons, 3 blaue Kartons, 3 grüne Kartons, 3 gelbe Kartons (jeweils 50 x 50 cm), Tesa-Krepp

Musiktip: —

Für dieses Spiel wird ein großer Raum benötigt. Zunächst wird mit Hilfe vieler weißer und einiger farbiger Kartons ein Parcours gelegt. Zwischen den Feldern sollen aus Mobilar oder Turngeräten Hindernisse gebaut werden. Alle Kinder laufen nun der Reihe nach alleine oder auch zu zweit den Parcours ab. Kommen sie auf ein Farbfeld, bleiben sie stehen und produzieren ein Geräusch. Betreten sie z.B. zuerst ein rotes Feld, sind sie ein Wecker, der so lange klingeln muß, bis ein anderes Kind das Feld erreicht. Für alle Farbfelder werden bestimmte Geräusche verabredet: (grün = Glocke, blau = Automotor, gelb = quietschende Tür etc.)

Variante des Spiels:
Die Farbkarten bedeuten neben den Körpergeräuschen noch eine Bewegung (z.B. blau = Hände sind Scheibenwischer)

13.8 Tanzende Hände und Füße

Gruppierung: 10 und mehr Kinder

Material: Füße, Hände und Punkte, verschieden farbig aus Tonpapier ausgeschnitten (Anzahl je nach Länge des Parcours)

Musiktip: —

Musik-Tanz-Spielekartei Spielwerkstatt Rhinozeros und Ökotopia

Die Kuh schreit bei Blau...

Der Parcours mit Händen, Füßen und Farben hat das Thema „Bauernhof". Die Länge des Parcours ist beliebig. Die fest montierten Hände, Füße und Punkte sind verschieden farbig und haben somit unterschiedliche Bedeutungen.

Betritt das erste Kind z.B. einen gelben Fuß, „rennt" der Bauer auf der Stelle hinter seiner Kuh her und ruft laut deren Namen, eine rote Hand bedeutet: die Bäuerin melkt die Kühe und singt dabei ihr Lieblingslied. Betritt ein Kind einen blauen Punkt schreit die Kuh, beim schwarzen Punkt tanzt und miaut die Katze in der Nacht auf dem Dach usw.

Jedes Feld hat demnach eine andere Bewegungs- und Geräuschbedeutung. Die Anzahl der verschiedenen Felder richtet sich nach dem Alter der Kinder, — je jünger die Kinder, desto weniger unterschiedliche Felder sollte die Spielleitung vorbereiten.

Die Kinder begehen den Parcours nacheinander. Sobald das erste Feld wieder frei ist, beginnt das zweite Kind.

14. Malen und Musik

Malen und Musik stehen in einem unmittelbaren Zusammenhang. Manch klassische Musikstücke kann sich der Mensch sofort in Bildern vorstellen. Sowie Hände sich zur Musik schwungvoll auf kleinem Raum bewegen können, kann auch der Pinsel bewegt werden. Über das einfache Malen zu einer thematischen Musik bis hin zu „Selbst-ein-Bild-sein“ sind hier Spiele beschrieben, die das Bild und die Musik in einen Zusammenhang bringen.
Die Spiele sind meist erst für Kinder ab 5 bzw. 6 Jahren geeignet.

14.1 Malen und Musik

Musik erzählt — ein Bild entsteht

Gruppierung: bis zu 20 Kinder

Material: Tapeten oder großes Papier, Wachsmalkreide

Musiktip: thematische Musikstücke z.B. Peer Gynt, Die Moldau, Peter und der Wolf usw.

Die Spielleitung denkt sich ein bestimmtes Thema aus, z.B. Bäume/Wald, Autos, Wasser, Träume o.ä.
Alle Kinder sitzen oder stehen vor ihrem Malpapier, das übergangslos an die Wand oder auf dem Tisch befestigt ist, so daß eine große Malfläche vorhanden ist.
Zur Musik beginnen alle, das Papier zum Thema zu bemalen. Zunächst malt jedes Kind an seinem Platz, später sollen auch die freien Flächen zwischen den Kindern ausgemalt werden, sodaß keine Grenzen mehr zu sehen sind.

Anmerkung:
Alle sollten sich bemühen, dabei nicht zu sprechen, sondern nur auf die Musik zu hören.

14.2 Malen und Musik

Überraschungsbilder

Gruppierung: 3-20 Kinder

Material: Papier und Wachsmalkreide, je Kind ein Halstuch oder Schal

Musiktip: —

Die Kinder sitzen am Boden oder an einem Tisch und haben die Augen mit einem Tuch verbunden. Sie halten ein Stück Wachsmalkreide in der Hand. Vor dem Augenverbinden haben sich alle noch einmal von der Größe ihres Malbereichs überzeugt.
Dann wird eine Musik gespielt, wozu die Kinder beliebig malen können.
Nach höchstens drei Minuten wird die Musik abgestellt, die Augenbinden werden entfernt und alle Kinder können sich von ihren eigenen Bildern überraschen lassen. Meist wünschen sie sich eine Wiederholung. Dazu sollten sie auch andere Farben benutzen.

14.3 **Malen und Musik**

Finger-Farben-Tanz

Gruppierung: 3-8 Kinder an einem Tisch

Material: Tapetenrollen oder große Bögen Papier, Tesa-Krepp, Fingerfarben

Musiktip: —

Die Kinder sitzen um einen Tisch herum, der mit Malpapier oder Tapeten abgeklebt ist. Einige Töpfe Fingerfarbe stehen bereit.

Nun stellen sich die Kinder vor, ihre Zeigefinger und Mittelfinger sind tanzende Beine. Sie tauchen mit diesen Fingern in die Farbe und tanzen zur Musik über das Papier.

Als Steigerung können auch die Finger beider Hände über das Papier tanzen.

14.4 Malen und Musik

Wir brechen aus dem Rahmen

Gruppierung: 5-20 Kinder

Material: Bettlaken oder großes Tuch, Bildvorlage

Musiktip: —

Die Spielgruppe oder die Spielleitung wählen ein Bild aus, das von der Spielgruppe nachgestellt wird. Das Bild kann ein Foto von der Spielgruppe, ein gemaltes Bild, etwas aus der Zeitung, o.ä. sein. Wichtig ist, daß auf dem Bild genügend Nachstellmöglichkeiten für alle MitspielerInnen vorhanden sind. Für die Szenerie wäre es gut, einen Rahmen für das lebendige Bild zu schaffen (z.B. mit einem großen Bettlaken im Hintergrund).
Wenn alle ihren festen Platz im Bild haben, denkt sich jedes Kind für sich aus, wie es wäre, wenn das Bild lebendig wird. Nun tritt die Spielleitung als Zauberer auf, spielt eine Musik und das Bild kommt in Bewegung. Auf ein vereinbartes Zeichen des Zauberers hin nehmen zum Schluß alle wieder ihren Platz im Bild ein.

14.5 **Malen und Musik**

Dem Ton ein Zeichen setzen

Gruppierung: 7-15 Kinder

Material: Instrumente, Tafel oder Tapete, Kreide, Stifte

Musiktip: —

Es gibt neben den allgemeingültigen Noten noch viele andere Zeichen, um Töne und Klänge aufzuschreiben.
In diesem Spiel denken sich die Kinder selbst Zeichen für bestimmte Töne aus. Ein Kind aus der Gruppe nimmt ein Instrument und spielt damit einen immer wiederkehrenden Ton.
Beispiel: das Kind schlägt langsam und laut auf die Handtrommel.
Nun nehmen alle anderen Kinder Stifte oder Kreide und malen Zeichen für diesen Ton auf das bereitliegende Papier, z.B. dicke Punkte oder Striche.
Die Kinder sehen sich die Zeichen an und einigen sich auf eines. Dann nimmt ein anderes Kind ein anderes Instrument. Der Vorgang wiederholt sich.
Wenn etwa fünf verschiedene „Tonzeichen“ vereinbart sind, malt die Spielleitung diese Zeichen durcheinander auf. Welches Kind weiß sofort, was dazu gespielt wird?

14.6 Malen und Musik

Bunte Pinselei

Gruppierung: 5-15 Kinder

Material: starke, bemalbare Abdeckfolie von etwa 3 x 3 Meter, Abtönfarbe, dicke Pinsel, Kordel

Musiktip: —

Die Folie wird zunächst mitten in dem Spielraum von der Decke herunter gerade aufgehängt. Auf einer Seite der Folie befinden sich die TänzerInnen, auf der anderen Seite die MalerInnen.
Zur Musik tanzen die Kinder hinter der Folie, bis die Musik stoppt. Dann sollen sie in der Position stehen bleiben und für kurze Zeit einfrieren. Nun halten die MalerInnen das Bild, das sie hinter Folie sehen, mit Pinsel und Farbe auf der Folie fest.
Nach kurzer Zeit wird die Musik wieder gespielt und die Tanzenden bewegen sich erneut bis zum „Stop". Dann dürfen die MalerInnen wieder zum Pinsel greifen. Das Tanzen und Malen soll in rascher Folge wechseln. So wird sich ein sehr lebendiges und buntes Bild auf der Folie ergeben.

Anmerkung:
Dieses Spiel ist eher für das Grundschulalter geeignet.

14.7 **Malen und Musik**

Gruppierung: 6-20 Kinder, immer paarweise

Material: Fingerfarbe, Tapete oder großes Papier, Instrumente

Musiktip: —

Musik-Tanz-Spielekartei Spielwerkstatt Rhinozeros und Ökotopia

Finger malen — Instrumente antworten

Dieses Spiel setzt voraus, daß es die Spielgruppe gewohnt ist, mit klassischen oder selbstgebauten Instrumenten zu spielen.
Die Kinder finden sich paarweise zusammen. Sie setzen sich gegenüber; ein Kind hat ein großes Blatt oder ein Stück Tapete und einen Topf Fingerfarbe vor sich, das andere Kind ein Instrument seiner Wahl.
Jetzt beginnt das eine Kind, mit den Händen oder Fingern eine Wellenlinie, Kreise, viele Kreise, Zickzacklinien, Punkte o.ä. zu malen. Hat es seine kurze Malaktion beendet, so antwortet das Kind mit dem Instrument entsprechend der Malerei.
Beispiel: Bei einer Wellenlinie wird der Schellenkranz lauter und leiser geschüttelt.
Anmerkung: Dieses Spiel ist eher für Kinder im Grundschulalter geeignet. Nicht mit jedem Instrument lassen sich gemalte Striche nachvollziehen. Die Kinder sollten die Instrumente auch wechseln. Ebenso sollten sie natürlich ihre Rollen beim Spiel häufiger tauschen.

14.8 Malen und Musik

Wenn das Rot lebendig wär'

Gruppierung: 12-30 Kinder

Material: Farbkarten

Musiktip: —

Die Spielgruppe teilt sich in drei Kleingruppen. Jede Kleingruppe erhält eine Farbkarte, die von den anderen Gruppen nicht gesehen werden darf (z.B. die Grundfarben rot, blau, gelb).
Getrennt voneinander überlegt sich nun jede Gruppe, was für sie die Farbe bedeutet und wie sie deutlich und lebendig von den Kindern dargestellt werden kann. Die Spielleitung sollte hierbei den einzelnen Gruppen Hilfestellungen geben, ebenso natürlich bei der Musikauswahl.
Dann kommt die gesamte Spielgruppe zusammen. Zu ihrer Musik stellen die Untergruppen ihre lebendigen Farben dar; die anderen raten, welche Farbe gemeint sein könnte.

Anmerkung:
Dieses Spiel ist erst für das Grundschulalter geeignet. Die Spielleitung sollte vorher eine eigene Musikauswahl getroffen haben.

14.8 **Malen und Musik**

Wenn das Rot lebendig wär'

Gruppierung: 12-30 Kinder

Material: Farbkarten

Musiktip: —

Die Spielgruppe teilt sich in drei Kleingruppen. Jede Kleingruppe erhält eine Farbkarte, die von den anderen Gruppen nicht gesehen werden darf (z.B. die Grundfarben rot, blau, gelb).
Getrennt voneinander überlegt sich nun jede Gruppe, was für sie die Farbe bedeutet und wie sie deutlich und lebendig von den Kindern dargestellt werden kann. Die Spielleitung sollte hierbei den einzelnen Gruppen Hilfestellungen geben, ebenso natürlich bei der Musikauswahl.
Dann kommt die gesamte Spielgruppe zusammen. Zu ihrer Musik stellen die Untergruppen ihre lebendigen Farben dar; die anderen raten, welche Farbe gemeint sein könnte.

Anmerkung:
Dieses Spiel ist erst für das Grundschulalter geeignet. Die Spielleitung sollte vorher eine eigene Musikauswahl getroffen haben.

15. Entspannung und Meditation

Im Ansschluß an bewegungsreiche Spiele oder auch zwischendurch gehören unbedingt solche, die für Entspannung sorgen.
Entspannung kann auch in eine kindgemäße Spielregel verpackt werden.
Hier sind einige unterschiedliche Beispiele gesammelt, die Kindern helfen können, sich zu konzentrieren, die eigenen Sinne zu schärfen und die Vorstellungskraft zu erweitern oder einfach nur zu träumen.
Die Spielgruppen sollten sich allerdings schon besser kennen, wenn sie diese Spiele ausprobieren wollen.

15.1 Entspannung und Meditation

Ich horch' in mich hinein

Gruppierung: 7, max. 15 Kinder

Material: —

Musiktip: schnelle Musik zum Laufen

Die MitspielerInnen laufen locker zur Musik im Raum umher. Plötzlich stoppt die Musik und alle verharren in der Position, in der sie in diesem Moment sind. Nun horchen alle bis zu einer Minute lang in sich hinein. Was tut mein Puls, das Herz, der Atem? Einige können vielleicht besser horchen, wenn sie die Augen schließen. Dabei darf nicht gesprochen werden.
Das Laufen und Horchen soll mehrmals wiederholt werden.

Variante des Spiels:
Neben den eigenen Geräuschen kann auch auf fremde Laute geachtet werden. Anschließend sollten die Kinder sich über die Erfahrungen austauschen.

Anmerkung:
Die Gruppe sollte sich schon ganz gut kennen.

15.2 Entspannung und Meditation

Schaukelteller

Gruppierung: 10-20 Kinder

Material: —

Musiktip: ruhige, fließende Musik

Alle Kinder sitzen im Kreis, die Füße zur Mitte zeigend und die Arme untergehakt. Die gute Sitzposition muß noch einmal kontrolliert werden.
Jetzt stellen sich alle vor, der Kreis ist ein alter Blechteller, in dem sich Suppe befindet, die ständig an einer Seite überschwappt. Ein Kind fängt an, sich nach hinten oder zur Seite zu bewegen, zieht die anderen mit und so kommt der Teller zum Schaukeln. Wenn es zu stark schaukelt, kann er auch zerbrechen.

Anmerkung:
Die Gruppe sollte sich schon etwas besser kennen.

15.3 Entspannung und Meditation

Klopfwanderung

Gruppierung: 2-5 Kinder

Material: —

Musiktip: —

Die SpielerInnen wollen erforschen, welche verschiedenen Geräusche der Raum/ die Räume, in dem/ denen sie sich befinden, abgeben.
Dabei wandert die Gruppe durch den Raum und klopft alle Gegenstände, Wände, Möbel, Türen, Fenster u.s.w. ab.
Dazu kann anschließende eine Geschichte erzählt werden.
Z.B. „ Ein Mäuschen schlüpft durch die Fußbodenritze und kratzt zuerst an der Tapete. Dann..."

15.4 Entspannung und Meditation

Bienenkönigin

Gruppierung: 3-12 Kinder

Material: (Schellen-) Tambourin

Musiktip: —

Die Bienenkönigin steht mit einem Tambourin in der Mitte des Raumes. Alle anderen Kinder sind die Bienen und verstecken sich an den Rändern des Raumes.
Sobald die Bienenkönigin beginnt, ihr Instrument zu spielen, dürfen die Bienen fliegen. Je lauter die Bienenkönigin spielt, desto näher kommen sie. Spielt die Königin leiser, sollen die Bienen sich zurückziehen und bei Verstummen in ihr Versteck kriechen.
Spielt die Bienenkönigin jedoch ganz laut und wild, so dürfen die Bienen die Königin berühren und kitzeln.

Anmerkung: Die Spielanweisungen, die das Tambourin angibt, sollen vorher ein wenig eingeübt werden.

15.5 **Entspannung und Meditation**

Summen im Kreis

Gruppierung: 6, max. 12 Kinder

Material: —

Musiktip: —

Alle Kinder liegen mit dem Rücken auf dem Boden im Kreis eng zusammen. Dabei weisen die Köpfe in die Kreismitte. Die Kinder schließen die Augen. Im Raum sollte es ganz still sein.
Die Spielleitung beginnt das Spiel, indem sie leise summt. Wird das Summen vom Kind rechts daneben gehört, so beginnt es ebenfalls zu summen. Der Summton wird also immer im Kreis weitergegeben. Ein Kind darf den Ton jedoch erst aufnehmen und weitergeben, wenn es den Ton beim Kind neben sich gehört hat.

Variante des Spiels:
Jedes Kind darf selbst festlegen, ob es den empfangenen Ton gleichlaut, leiser oder lauter weitergibt.

Anmerkung: Dieses Spiel eignet sich eher für Grundschulkinder.

15.6 Entspannung und Meditation

Am Meer

Gruppierung: 3-10 Kinder

Material: —

Musiktip: „Brandung“ (Novalis; 1977), auch andere, ruhige Musik

Alle suchen sich einen Platz, setzen sich auf ihre Unterschenkel und schließen die Augen.
Zur Musik erzählt die Spielleitung etwas vom Meer, vom Spiel der Wellen, Kommen und Zurückweichen usw.
Die Kinder stellen sich vor, sie sitzen am Strand und lassen sich von den Wellen umspülen. Ihre Hände spielen mit dem Sand und Wasser.
Wenn die Musik zu Ende ist, öffnen die Kinder die Augen, sie kommen langsam wieder zurück. In einem gemeinsamen Gespräch erzählen alle, was sie am Meer erlebt haben.

15.7 Entspannung und Meditation

Tücherstreicheln

Gruppierung: gerade Anzahl von MitspielerInnen

Material: pro Kind ein leichtes Tuch (mind. 80 x 80 cm), warmer Fußboden oder Decke

Musiktip: leise, ruhige, fließende Musik (z.B. Harfenmusik)

Alle MitspielerInnen bilden Paare. Eines der beiden Kinder legt sich auf den Boden. Der/die andere nimmt das Tuch und streichelt nun das liegende Kind damit.
Nach etwa drei Minuten wechseln die Beiden die Rollen.

Anmerkung: Dieses Spiel ist auch für gemischte Gruppen geeignet, insbesondere für Eltern (Erwachsene) und Kinder.

15.8 **Entspannung und Meditation**

Bewegter Himmel

Gruppierung: 5 und mehr Kinder

Material: ein großes Tuch (z.B. ein Bettuch oder Schwungtuch)

Musiktip: ruhige Musik

Ein Kind legt sich mit dem Rücken auf den Boden oder auf eine Wolldecke. Die übrigen Kinder umfassen ein großes Bettuch oder auch ein Schwungtuch. Bei vielen Kindern können mehrere Bettücher zusammengenäht werden. Auch bunte Halstücher (Größe 80 x 80 cm), die an den Enden zu einer großen farbigen Fläche zusammengeknotet werden, ergeben einen sehr schönen Himmel.
Die Kinder verteilen sich so um das liegende Kind, daß das Tuch über diesem schwebt.
Zu einer ruhigen Musik bewegen die Kinder das Tuch über dem liegenden Kind auf und nieder; mal bewegt sich der Himmel ganz schnell, dann wieder ruht er für kurze Zeit auf dem Kind um sich plötzlich wieder zu heben. Das Kind unter dem Tuch kann auch die Augen schließen und nur den Wind genießen.
Nach einiger Zeit darf sich ein anderes Kind unter das Tuch legen.

16. Licht und Schatten in Bewegung

Licht- und Schatteneffekte geben dem tänzerischen Spiel einen ganz besonderen Reiz. Die Atmosphäre schwankt häufig zwischen dem Gefühl des Unheimlichen und Feierlichen. Deshalb ist die Aufmerksamkeit der Kinder bei diesen Musik- und Tanzspielen meistens besonders groß.

In dieser Rubrik sind Spiele mit unterschiedlichen Lichtquellen zusammmengestellt. Vom einfachen, tänzerischen Bewegungsspiel mit Taschenlampen bis hin zu schwierigeren, musikalischen Improvisationen (mit Overheadprojektor, Kostümen u.a.). Die Spiele geben nur einen kurzen Einblick und sollen anregen, zum Thema „Licht und Schatten" einmal selbst der Phantasie freien Lauf zu lassen. Dem Experimentieren sind gerade bei diesem Thema keine Grenzen gesetzt.

16.1 Licht und Schatten in Bewegung

Lampendirigenten

Gruppierung: 2 und mehr Kinder; jeweils Spielpaare

Material: je Spielpaar eine Taschenlampe

Musiktip: unterschiedliche Musik (Walzer, Pop, Klassik etc.)

Es werden Tanzpaare gebildet. Jedes Paar erhält eine Taschenlampe und sucht sich einen Platz irgendwo verteilt in einem abgedunkelten Raum.
Die Spielleitung läßt unterschiedliche Musik laufen; die Musik sollte jeweils nach max. 2 Minuten wechseln. Die Kinder beginnen zu tanzen. Dabei dirigiert jeweils das Kind mit der Taschenlampe das zweite Kind mit Hilfe des Lichtstrahls der Lampe. Das bedeutet, das Kind muß immer dem Lichtstrahl nachtanzen. Beispiel: bewegt sich der Schein der Lampe nach rechts, tanzt das Kind nach rechts, dreht der Lichtschein Kreise, so tanzt auch das Kind im Kreis usw.
Der Raum sollte möglichst groß sein, damit die Paare ausreichend Platz haben, sich zu entfalten.
Immer wenn eine andere Musik ertönt, tauschen die Kinder die Rollen.

16.2 Licht und Schatten in Bewegung

Schatten tanzen

Gruppierung: 2 und mehr Kinder; jeweils Tanzpaare

Material: —

Musiktip: unterschiedliche Musik (Walzer, Pop, Klassik etc.)

Jedes Tanzpaar sucht sich einen Platz in einem großen Raum. Die Paare stellen sich hintereinander auf. Zu unterschiedlicher Musik bewegen sich die Tanzpaare durch den Raum. Dabei tanzt das vordere Kind vor, das hintere Kind tanzt seinen Schatten. Das heißt, das hintere Kind versucht, jede Tanzbewegung nachzuahmen.
Nach einiger Zeit wechseln die beiden Kinder die Rollen.

16.3 Licht und Schatten in Bewegung

Lichter im Dunkel

Gruppierung: 6 und mehr Kinder

Material: möglichst mehrere Punktstrahler, die verstellbar sind

Musiktip: schnelle, rhythmische Musik

Ein großer Raum wird abgedunkelt. Die Spielleitung installiert nach Möglichkeit mehrere Punktstrahler, die einzeln zu bedienen sind. Sie werden so mit dem Strahl ausgerichtet, daß sie an verschiedenen Stellen auf dem Boden des Raumes Lichtfelder werfen.
Zu einer schnellen Musik tanzen die Kinder. Irgendwann läßt die Spielleitung das erste Lichtfeld erscheinen, indem sie eine beliebige Lampe anschaltet. Schnell müssen alle Kinder sich in den Lichtkreis retten und dort weitertanzen. Erlischt das Licht, so tanzen die Kinder wieder durch den ganzen Raum. Es können auch mehrere Lichtfelder erscheinen. Dann darf sich jedes Kind ein Lichtfeld aussuchen, in dem es tanzen möchte.

16.4 Licht und Schatten in Bewegung

Farbkontakte

Gruppierung: 2 bis max. 10 Kinder

Material: Overheadprojektor; unterschiedlich farbige Folien

Musiktip: unterschiedliche Musik

Für dieses Spiel wird ein großer, abgedunkelter Raum benötigt. Auf einen Overheadprojektor legen wir zwei Farbfolien nebeneinander. Die beiden Farben ergeben übereinandergelegt eine Mischfarbe, also z.B. gelb und blau ergibt grün. Der Projektor wird so ausgerichtet, daß die beiden Farbfelder auf dem Boden in der Mitte des Raumes erscheinen.
Nun werden die Kinder in zwei gleichgroße Gruppen eingeteilt. Die eine Gruppe tanzt die Farbe „gelb“, die andere die Farbe „blau“.
Jede Gruppe begibt sich zu Anfang in ihr Farbfeld.
Die Spielleitung läßt eine Musik laufen. Jede Gruppe tanzt in ihrem Farbfeld. Langsam schiebt die Spielleitung die Folien aufeinander zu. Die Gruppe nähern sich einander. Schließlich vermischen sich die Farben zur Farbe „grün“. Nun tanzen die beiden Gruppen wild durcheinander im ganzen Farbfeld. Lösen sich jedoch die Farben, so bewegt sich jedes Kind wieder in seinem Farbfeld. Dieser Tanz ist auch mit 4 Farbfeldern möglich.
Natürlich kann hierzu auch ein kleiner Gruppentanz einstudiert werden. Dabei sollte jeder Farbgruppe eine bestimmte Tanzart (wild, träge, laut stampfend und kreischend, graziös etc.) zugeordnet werden.

16.5 Licht und Schatten in Bewegung

Tanz der Farben

Gruppierung: 8 und mehr Kinder

Material: Overheadprojektor, unterschiedlich farbige Folien

Musiktip: schnelle, rhythmische Musik

Die Kinder werden in gleichgroße Gruppen eingeteilt. Jeder Gruppe wird eine Farbe zugeteilt. In einem abgedunkelten Raum tanzen zu Beginn alle Kinder durcheinander.
Irgendwann läßt die Spielleitung mit Hilfe des Projektors und einer farbigen Folie ein Farbfeld auf dem Boden des Raumes erscheinen. Nur die Kinder, die zu dieser Farbgruppe gehören, dürfen im Farbfeld weitertanzen. Alle anderen müssen sich schnell außerhalb des Feldes begeben. Erlischt das Farbfeld wieder, so tanzen die Kinder durcheinander bis die nächste Farbe erscheint.

16.6 **Licht und Schatten in Bewegung**

Schatten in der Nacht

Gruppierung: 4-10 Kinder

Material: weißes Schattentuch (Größe mindestens 2 x 2 Meter), Schnur, Overheadprojektor, unterschiedlich farbige Folien, mehrere Halstücher

Musiktip: unterschiedliche Musik

Ein Schattentuch wird mit einer Schnur an allen vier Ecken quer durch den Raum gespannt. Das Tuch muß straff sein und bis zum Boden reichen. Der Projektor wird hinter dem Tuch aufgebaut und zwar so, daß der Lichtstrahl das gesamte Tuch ausfüllt. Der Raum wird abgedunkelt.
Die ersten zwei Kinder begeben sich hinter das Tuch. Die übrigen setzen sich vor das Tuch. Sie sind zunächst die Zuschauer. Zur Musik tanzen die beiden Kinder nun hinter dem Tuch. Dabei sollten sie stets auf ihren Schatten achten. Nach einiger Zeit gehen zwei andere Kinder hinter das Tuch. Es kann auch farbige Folie aufgelegt werden.

Variante des Spiels:
Nachdem die Kinder einige Übung haben, können auch kleine Requisiten eingesetzt werden, mit denen die Kinder hinter dem Tuch tanzen (Halstücher, ein Luftballon, Hüte, Regenschirm, ein Ball, Reifen, ein Gummiband, Gesichtsmasken).

16.7 Licht und Schatten in Bewegung

Rot wie Feuer

Gruppierung: 4 und mehr Kinder

Material: Overheadprojektor, vier farbige Folien

Musiktip: unterschiedliche Musik

Zu Anfang werden mit den Kindern die einzelnen Bedeutungen der Farben besprochen.
Eine Möglichkeit wäre: Rot = Flackerndes Feuer / Weiß = Schnee und Eis / Blau = Meer / Grau = Nacht
Jeder Farbe wird eine bestimmte Tanzform zugeordnet. Bei „rot“ tanzen alle wild durcheinander und bewegen die Arme hoch in die Luft wie züngelnde Flammen. Bei „weiß“ tanzen die Kinder schnatternd, bibbernd und eng zusammen. Bei „blau“ bewegen sich alle wie schwimmende Fische im Meer und bei „grau“ sind alle Eulen in der Nacht. Sie bewegen ihre Arme als Flügel und „huhen“ dazu. Die einzelnen Tanzformen werden kurz mit den Kindern einstudiert.
Nun wird eine Musik eingespielt. Die Kinder tanzen durch den abgedunkelten Raum. Wenn ein Farbfeld auf dem Boden erscheint, z.B. „rot“, so bewegen sich alle wie flackerndes Feuer. Erlischt das Farbfeld, tanzen die Kinder normal weiter bis die nächste Farbe erscheint.

16.8 **Licht und Schatten in Bewegung**

Tag und Nacht

Gruppierung: 6 und mehr Kinder

Material: Gleiche Anzahl weißer und schwarzer (z.B. eingefärbt) Bettücher o. ä.je Kind wird ein Bettuch benötigt; Schere

Musiktip: für den Tag z.B. von A. Vollenweider; für die Nacht dumpfe unheimlich klingende Musik

Dies ist eine etwas aufwendigere, musikalische Improvisation, die zum Beispiel bei einem Fest zur Aufführung gebracht werden kann.
Die Kinder werden in zwei Gruppen eingeteilt, eine Gruppe spielt die Nacht, die andere den Tag. Der Tag erhält weiße Gewänder, die Nacht schwarze. Für die Augen werden in jedes Gewand zwei Löcher geschnitten. Die Spielleitung hat schon vorab für den Tag und die Nacht je eine geeignete Musik ausgewählt, die jeder Gruppe vorgespielt wird. Gemeinsam überlegen wir, wie Tag und Nacht sich zur jeweiligen Musik bewegen können.
Tag: alle hocken zusammengekauert auf dem Boden. Der Tag erwacht langsam mit dem Einsetzen der Musik und bewegt sich allmählich durch den Raum.
Nacht: alle tanzen schleichend (evtl. auch mit Ketten rasselnd) durcheinander und „huhen" wie Gespenster.
Haben beide Gruppen eine Tanzform gefunden, spielt die Spielleitung eine der beiden Musiken ein. Die jeweilige Gruppe führt ihren Tanz vor. Langsam blendet die Leitung die Musik aus und wechselt zur anderen Musik. Ein ständiger Wechsel von Tag und Nacht entsteht.

17. Spiele mit Masken und Musik

Das Spiel mit Masken und Musik ist insgesamt sicher erst für Kinder ab 5-6 Jahren angebracht.
Grundsätzlich nimmt eine starre Maske dem Gesicht die Mimik, den Ausdruck; deshalb muß der ganze Körper das mit ausdrücken, was die Maske sagen will. Das Maskenspiel ist ein pantomimisches Spiel und somit der Einsatz von Musik und Tanz naheliegend.
Masken lassen sich aus ganz alltäglichen Materialien herstellen (Karton, Pappteller, Papiertüten usw.). In dieser Rubrik sind eine Reihe von einfachen Spielideen vorgestellt, nicht aber die Herstellung von Masken.
(siehe hierzu: Literaturhinweise)

17.1 **Spiele mit Masken und Musik**

Begrüßungstheater

Gruppierung: ab 8 Kinder

Material: selbstgefertigte Masken, großer Spiegel, Tesa-Krepp, Trommel oder Gong

Musiktip: —

Alle Kinder haben ihre eigene, individuelle Maske hergestellt und probieren vor einem großen Spiegel aus, wie sie sich damit bewegen können.
Dann wird ein Tuch oder Bettlaken gespannt aufgehängt und ein keiner Bühnenraum davor mit Tesa-Krepp gekennzeichnet.
Die Kinder stellen sich mit den Masken zu gleichen Teilen rechts und links der Bühne auf. Auf einen Gongschlag kommen die ersten beiden Kinder und begrüßen sich. Bei jedem Gongschlag begrüßen sich zwei neue „Maskenkinder". Alle stellen sich immer wieder ganz hinten in der Reihe an.
Die Spielleitung kann bei jedem Gong noch die Begrüßungsart angeben:

- sehr vornehm
- ganz alte Menschen begrüßen sich
- lustig
- traurig
- zappelig

17.2 Spiele mit Masken und Musik

Löwendressur

Gruppierung: ab 5 Kinder

Material: runde Pappteller, Farbe (ocker), goldgelbe Wolle, Gummiband (am besten: Haargummi)

Musiktip: „Tierzirkus“, Fidula Fon 1212 (Tiger) oder „Zootiere“ (Löwe) Fidula Fon 1214

Die Pappteller werden ocker oder gelb angemalt und anschließend ein Löwengesicht aufgemalt. Augen und Nasenlöcher werden eingeschnitten und ringsherum wird mit goldgelber Wolle die Löwenmähne geknotet. Zwei Löcher, rechts und links der Maske, durch die ein Gummiband gezogen und verknotet wird: schon ist die Maske fertig.

Nachdem ein Gang und eine Manege mit Tesa-Krepp aufgeklebt worden sind, erscheinen zur Musik die Löwen und ein Dompteur (Spielleitung oder ein Kind mit Hut und Stock) und führt mit den Löwen eine vorher einstudierte Dressur vor.

17.3 Spiele mit Masken und Musik

Geisterstunde

Gruppierung: 20 Kinder und mehr

Material: pro Kind ein weißes Bettlaken und 1 weiße Maske, 1 Gong (Becken)

Musiktip: Geistermusik: z.B. „Gespenstertango" von H. v. Veen

Für den Masken-Gespenstertanz stellt sich jedes Kind eine weiße Maske her (z.B. aus Plakatkarton oder auch Papptellern). Die Augenlöcher werden schwarz umrandet. Nun noch ein weißes Bettlaken umgehängt und die „Geisterstunde" ist eröffnet.
Alle kleinen „Gespenster" liegen am Boden. Die Spielleitung schlägt „Mitternacht" auf einem Gong und spielt allmählich die Musik ein. Und da erwachen die Gespenster langsam und tanzen durch den Raum. Gegen Musikende schlägt die Spielleitung 1 Uhr und schon huschen die Gespenster von der Tanzfläche, bis kein einziges mehr zu sehen ist.

17.4 **Spiele mit Masken und Musik**

Masken-Modenschau

Gruppierung: 10 Kinder und mehr

Material: braune Papiertüten (Masken), Kordel, Klebstoff, evtl. Nadel u. Faden, restliches Bastelmaterial ist beliebig

Musiktip: wechselnde Musik

Aus braunen Packpapiertüten (größer als kopfgroß) stellen die Kinder Masken her. Die Spielleitung kann den Kindern vorher Anregungen geben, welche Masken entstehen sollen. Hierbei bieten sich bei jüngeren Kindern Tiermasken an, ältere Kinder stellen auch gerne phantastische Masken her.

Sind die Masken fertig, wird ein „Laufsteg" gebaut. (Laufsteg aus übereinandergelegten Turnmatten oder niedrigen Podesten)

Die Kinder schauen sich nun ihre Masken an, überlegen gemeinsam, wie sie sich zu ihrer Maske bewegen können. Außerdem teilen sie der Spielleitung mit, welche Musik sie dazu wünschen. Ist die Bewegung klar, führt jedes Kind seine Maske mit passenden Körperbewegungen auf dem Laufsteg zur Musik vor. (z.B. „Katzenmaske" schleicht langsam über den Laufsteg zur „Krimi"-Musik etc.)

Anmerkung: Dieses Maskenspiel ist geeignet für Kinder ab 5 Jahren

17.5 Spiele mit Masken und Musik

Mimasken

Gruppierung: ab 12 Kinder

Material: vier verschiedene Maskengruppen mit den Gesichtern: staunend, traurig, fröhlich, komisch (aus Papptellern)

Musiktip: vier verschiedene Musikstücke passend zu den vier Maskengesichtern

Alle Kinder ziehen ungesehen eine Maske, sehen sie sich an, setzen sie jedoch noch nicht auf.
Nun spielt die Spielleitung eine der vier Musikteile und die Kinder, die meinen, dazu die richtige Maske in der Hand zu haben, setzen sie auf und bewegen sich damit.
Dann wird die nächste Musik gespielt, bis sich alle Kinder eingeordnet haben.
Am Schluß üben die Mimasken einen passenden Tanz zu ihrer Musik ein.

Anmerkung: Die Masken sollten auch ausgetauscht werden.

17.6 Spiele mit Masken und Musik

Rund und eckig

Gruppierung: 20 Kinder und mehr

Material: Masken aus Pappe (runde u. eckige Formen,), Kordel

Musiktip: langsame u. rhythmische Musik sowie Musik, die beide Faktoren enthält

Die Kinder stellen zusammen mit der Spielleitung runde und eckige Masken (Farbe beliebig) her. Die Hälfte der Gruppe hat schließlich eine runde, die andere Hälfte eine eckige Maske. Für die runden Masken hat die Spielleitung vorab eine Musik ausgewählt, zu der die Kinder runde, weiche Tanzbewegungen machen können. Diese werden mit der Gruppe gemeinsam geübt. Haben die „runden Masken“ ihre Bewegungsformen zur Musik gefunden, proben die „eckigen Masken“ nun ihre Tanzformen zu stark rhythmischer Musik ein. Jede Bewegung ist hierbei abgehackt, starr und eng.

Zur Musik führen dann die „runden Masken“ den „eckigen Masken“ ihren Tanz vor und umgekehrt.

Nun sollen alle Kinder zu einer Musik, die beide Elemente (eher langsam, aber trotzdem stark rhythmisch) enthält, einen gemeinsamen Tanz versuchen. Dabei trifft jeweils als Paar eine eckige und runde Maske aufeinander.

Jedes Paar tanzt nun zusammen, ohne dabei die geprobten eigenen Bewegungen zu vergessen (Beispiel: die „runde Maske“ umkreist die „eckige Maske“ zur Musik; diese versucht, aus dem Tanz auszubrechen).

17.7 Spiele mit Masken und Musik

Ich bin die Pauke

Gruppierung: ab 7 Kinder

Material: selbst hergestellte Masken (aus: Karton, Pappe, Farben, Eierpaletten etc.), Instrumente bzw. Bilder von Instrumenten

Musiktip: —

Die Spielleitung hat verschiedene Musikbeispiele herausgesucht, wo einzelne Instrumente ganz besonders herauszuhören sind. Gleichzeitig zeigt sie den Kindern die Instrumente im Original oder auf einem Bild.
Jedes Kind entscheidet sich nun, in die Rolle eines Instrumentes zu schlüpfen. Die Spielleitung hilft bei der Herstellung der passenden Maske dazu.
Dann probieren alle, wie sich wohl die Pauke, die Flöte,die Geige, das Schlagzeug usw. bewegen würden. Hierzu werden die Musikbeispiele vom Anfang wieder wichtig.

Anmerkung:
Für dieses Spiel benötigt jede Gruppe eine längere Spielphase. Aus dieser Idee könnte ein Projekt entstehen, das bis zu einer Aufführung geht.

17.8 **Spiele mit Masken und Musik**

Ich zeig' dir dein Gesicht

Gruppierung: 10 Kinder und mehr

Material: pro Kinderpaar eine neutrale Maske

Musiktip: wechselnde Musik

Jeweils zwei Kinder tanzen bei diesem Maskenspiel zusammen. Eines der Kinder zieht eine Maske vor's Gesicht, das andere Kind steht dem „Maskenkind" gegenüber. Nun läßt die Spielleitung ständig wechselnde Musik laufen. Das „Maskenkind" hört sich die Musik zunächst genau an und tanzt schließlich dazu. Die ausgewählte Musik muß hierbei einen hohen Aufforderungscharakter haben und zu ständig neuen Bewegungen anregen.
Das Kind ohne Maske sieht die Bewegungen des „Maskenkindes", ahmt diese nach und versucht, diesen Bewegungen ein Gesicht zuzuordnen.
Das „Maskenkind" entscheidet nun durch Nicken, ob ihm das Gesicht zu den Bewegungen gefällt.
Nach einiger Zeit wechseln die Kinder die Rollen.

Anmerkung: Dieses Spiel ist für Kinder im Grundschulalter geeignet.

18. Einfache Pantomime mit Musik

Sich ohne Worte auszudrücken oder zu verständigen ist für Kinder im Kindergarten-, oder Grundschulalter oft eine schwer zu realisierende Aufgabe. Diese Rubrik soll helfen, den Einstieg ins pantomimische Spiel zu finden. Dabei spielt die Musik eine ausschlaggebende Rolle. Da Musik auf Kinder eine sehr anregende Wirkung haben kann, läßt sie die Kinder hier vergessen, daß lautlos gespielt werden soll. Außerdem sind die pantomimischen Spielideen so formuliert, daß sie überwiegend eine ganze Gruppe zum stummen Spiel animieren, Darstellungen eines Kindes vor der Gruppe eher die Ausnahme sind.

Die Inhalte der Spiele ohne Worte sind klar umrissen und für Kinder nachvollziehbar, weil sie aus der direkten Erlebniswelt der Kinder stammen.

In dieser Rubrik nimmt der Schwierigkeitsgrad allmählich zu, so daß die Betonung des Rubriktitels auf dem Wörtchen „einfach“ liegt.

Doch genug Worte, — ab jetzt darf geschwiegen werden!

18.1 **Pantomime mit Musik**

Hund an der Leine

Gruppierung: 5 und mehr Kinder

Material: —

Musiktip: Schnelle Musik (z.B. „Weg da“ von Herrmann v. Veen)

Bei diesem pantomimischen Tanzspiel soll die Musik den entscheidenden Impuls geben.
Die pantomimische Darstellung ist einfach und klar abgegrenzt, so daß auch kleinere Kinder keine Mühe haben werden, diese nachzuvollziehen. Bevor die Musik eingespielt wird, übt die Spielleitung die pantomimische Darstellung ein. Jedes Kind hat „einen Hund“ an der Leine, der entweder fürchterlich zieht oder gar nicht von der Stelle will.
Zur Musik laufen alle Kinder mit ihren Hunden kreuz und quer durch den Raum, einige Hunde mögen sich dabei überhaupt nicht, wenn sie sich begegnen — die HundebesitzerInnen haben es sehr eilig — vielleicht kennen sich einige, die sich begrüßen usw.
Zur optimalen Entfaltung der Darstellungen ist ein großer Raum (z.B. Turnraum) notwendig.

18.2 Pantomime mit Musik

Zauberschuhe

Gruppierung: 5 und mehr Kinder

Material: ein Paar Schuhe, auffällig gestaltet

Musiktip: wechselnde Musik

Eine Pantomime für Anfänger
Die Spielleitung stellt ein Paar schöner auffällig gestalteter Schuhe als Hilfsmittel zur Verfügung. Diese sollen dazu dienen, den Kindern den Einstieg in das pantomimische Spiel zu vereinfachen.
Während des Spiels wechselt die spielende Rolle mit der Zuschauerrolle, d.h. jedes Kind tanzt einmal vor den anderen zur Musik oder es schaut wieder einem tanzenden Kind zu. Die zuschauenden Kinder sitzen im Halbkreis vor dem Kind, das die Schuhe probieren darf. Die Spielleitung hat für jedes Kind eine andere Musik bereit.
Das Kind, das die Schuhe probiert, wird von ihnen dirigiert. Spielt schnelle Musik, so wirbeln die Schuhe mit dem Kind durch den Raum, langsame Musik lassen das tanzende Kind kaum von der Stelle treten. Zu schnellen und langsamen Bewegungen werden nun Mimiken mit der Spielleitung geprobt; — ein freudiges Lächeln bei schneller Musik, — ein heruntergezogener Mund bei langsamer, tragender Musik...

18.3 Pantomime mit Musik

Riesenbälle in der Luft

Gruppierung: 10 Kinder und mehr

Material: —

Musiktip: langsame Musik (z.B. Kitaro: „ Silkroad“)

Musik-Tanz-Spielekartei Spielwerkstatt Rhinozeros und Ökotopia

Jedes Kind sucht sich eine/n Freund/in. Die Paare stehen sich gegenüber, frei verteilt im Raum.
Die Spielleitung erzählt von riesigen, bunten Bällen, dle man heranrollen kann und die in der Luft federleicht sind. Jedes Paar „sucht“ sich irgendwo im Raum einen solchen Ball. Man kann ihn z.B. zu zweit heben oder einfach auf dem Boden rollen lassen. Ist der Ball am Platz, wird er in die Luft gehoben und zu langsamer, fast meditativer Musik bewegen die Kinder den Ball von einem zum anderen Kind. Dabei fällt er ab und zu auf den Boden, er rollt weg, trifft auf einen anderen Ball usw. Vielleicht ist gar der Ball vom Päarchen nebenan viel schöner und bunter!
Nach einiger Zeit wird die Musik langsam ausgeblendet. Alle Bälle werden so kraftvoll wie möglich in die Luft geschmissen und irgendwann kann man sie nicht mehr sehen, weil sie am Himmel immer kleiner werden.

18.4 **Pantomime mit Musik**

Gruppierung: 10 und mehr Kinder

Material: —

Musiktip: langsame Musik, am besten „Spieluhrmusik“

Und schon wieder bleibt sie stehen

Die Kinder stellen sich paarweise frei verteilt im Raum auf. Eines der beiden soll sich nun vorstellen, es sei eine tanzende Figur auf einer Spieluhr, die wunderbar tanzen kann, wenn die Musik spielt. Doch manchmal stoppt die Musik. Das zweite Kind versucht dann, die starre Figur wieder in Bewegung zu bringen. Manchmal reicht es, die Spieluhr wieder aufzuziehen, aber auch das funktioniert nicht immer. Vielleicht bringt man die Puppe auch durch Vortanzen in Bewegung.

Fällt den Kindern die pantomimische Darstellung schwer, sollte die Spielleitung durch eigene Darstellungen unterstützend annimieren.

Dieses Spiel erfordert von den Kindern Improvisationsfähigkeit, die nur durch viel pantomimisches Spiel erworben werden kann. Daher ist die Spieluhrpantomime eher für schon etwas pantomimisch geübte Kinder geeignet.

18.5 **Pantomime mit Musik**

Achterbahn

Gruppierung: 20 Kinder und mehr

Material: —

Musiktip: schnelle Musik

Jedes Kind sucht sich eine/n Freund/in. Die Spielleitung erklärt, daß nun alle Achterbahn fahren können. Dabei geht es oft steil auf und ab, es weht starker Seitenwind, die Gondel wackelt hin und her usw.
Ertönt die Musik, geht's los. Alle Kinder laufen zur Achterbahn, setzen sich paarweise nebeneinander und bilden einen großen Doppelkreis. Die Spielleitung stellt jetzt die Bahn pantomimisch per Knopfdruck an. Mit großer Geschwindigkeit fährt die Achterbahn los.
Und wäre es nicht eine Pantomime, so wäre das Geschrei wohl unerträglich!

18.6 Pantomime mit Musik

Gruppierung: 15 Kinder und mehr

Material: —

Musiktip: Zu Anfang klassische Musik, später wechselnde Musik, die immer schneller wird

Musik-Tanz-Spielekartei Spielwerkstatt Rhinozeros und Ökotopia

Hilfe, ein Bienenschwarm!

Die Spielleitung erzählt den Kindern die Geschichte von einem Picknick an einem schönen Sommertag, das jedoch plötzlich beendet wurde.
In der Kindergruppe werden vorab Zuständigkeiten durch die Spielleitung verteilt. Da gibt es Kinder, die einen Kasten mit Limonade heranschleppen, andere haben einen großen Korb mit Früchten in den Händen, wieder andere haben herrlichen Kuchen gebacken usw. Es soll zum Picknick in den Wald gehen. Die Vorbereitung des Picknicks bis hin zum ausgesuchten Platz auf der Wiese im Wald wird durch die Spielleitung von klassischer Musik begleitet. Es wird gegessen und getrunken, gespielt, gelacht, gesungen ...Allmählich wechselt die Musik, sie wird immer rhythmischer und schneller und mit ihr kommt ein riesengroßer Bienenschwarm, der auch etwas vom guten Essen und Trinken haben möchte. So gibt es auf der Wiese im Wald ein großes Durcheinander, — natürlich alles ohne Worte!

18.7 Pantomime mit Musik

Ich bin heute...

Gruppierung: 5 und mehr Kinder

Material: Handtrommel, Blockflöte

Musiktip: —

Dieses pantomimische Spiel setzt schon etwas Übung bei den Kindern voraus und ist deshalb überwiegend für Kinder ab 5 Jahren geeignet.
Die Spielleitung erklärt den Kindern, daß es sehr verschiedene Stimmungen gibt, die meistens im Gesicht einer Person abzulesen sind. Diese Mimiken werden mit den Kindern geprobt. (z.B. ein freudiges, weinendes, neugieriges, wütendes, überraschtes, entsetztes, ängstliches Gesicht).
Dann schlägt die Spielleitung abwechselnd die Trommel in verschiedenen Rhythmen oder sie wechselt zur Blockflöte. Die Kinder können nacheinander zum Spiel der Instrumente ihre Tageslaune pantomimisch darstellen, z.B. zum schnellen Spiel der Flöte läuft ein neugieriges Kind durch den Raum, zum Spiel der Handtrommel ist ein Kind heute besonders betrübt usw.

18.8 **Pantomime mit Musik**

„Hilfe, ein Floh!"

Gruppierung: 10 und mehr Kinder

Material: —

Musiktip: wechselnde Musik

Bei dieser Pantomime müssen wir besonders auf die wechselnde Musik achten. Da gibt es einmal langsam-tragende Musik, dann wieder schnelle-rhythmische Musik, die hintereinander fortlaufend auf einer Cassette wechselt. Die langsame Musik beginnt. Alle Kinder stellen sich vor, morgens aus dem Bett zu steigen, sich langsam anzuziehen, zu waschen usw. und stellen dies pantomimisch dar. Wechselt die Musik, wird sie schnell und rhythmisch, stört ein Floh, der irgendwo im Pullover, unter den Füßen, auf dem Kopf, fürchterlich zwickt. Und fast hätten wir ihn gehabt, wenn nicht die Musik schon wieder gewechselt hätte und der Floh irgendwohin verschwunden wäre.

19. Darstellende Spiele mit Musik

Darstellende Spiele von Kindern sind überall zu beobachten. Ob im Kinderzimmer, in Ecken und Nischen der Kindergärten oder mitten auf dem Schulhof. Rollenspiele nehmen in diesem Alter einen großen Raum im Kinderspiel ein. Doch wie ist es nun, wenn die Musik dabei eine der „Hauptrollen“ spielt?
Sie greift hier nicht unwesentlich in das sonst eher spontane Spiel der Kinder ein. Die Art der Musik gibt ihnen Darstellungsformen vor. Außerdem setzt die Musik dem Spiel eine Grenze.
Dies kann von den Kindern zuerst als Nachteil empfunden werden, da das „drauf-los-spielen“ ohne Ende hier nicht so gefragt ist wie eine bestimmte Darstellung zu einem gestellten spielerischen Thema. Doch bald sind die Kinder an das Zeitmaß Musikstück gewöhnt. Inhalte des Spiels sind auch noch später schnell komplett im Bewußtsein der Kinder, — also: ein „Rollenspiel im Bilderrahmen“.

19.1 Darstellende Spiele mit Musik

Die tösende Dampflok

Gruppierung: 8 und mehr Kinder

Material: —

Musiktip: —

Die Kinder setzen sich im Kreis auf den Boden. Ein Kind geht in die Mitte und versucht, irgendein Teil einer großen Dampflok darzustellen. Dazu macht es noch ein passendes Geräusch.
Das Kind könnte zum Beispiel die Arme ununterbrochen kreisend nach vorne bewegen und dazu ein zischendes Geräusch machen. Die Maschine muß natürlich nicht ganz naturgetreu aussehen, sie sollte aber aus vielen lärmenden Einzelteilen bestehen. Nachdem das erste Kind sich so in der Mitte aufgebaut hat, gesellt sich ein anderes Kind dazu und fügt ein weiteres Maschinenteil mit einem anderen Geräusch hinzu. Nach und nach bauen sich so alle Kinder in die Maschine ein bis schließlich ein riesiges, tösendes Monstrum entstanden ist. Vielleicht gelingt es Euch auch, die Maschine ein kurzes Stück in Gang zu setzen.

Anmerkung: Bei kleineren Kinder, die noch keine Übung in diesem Spiel haben, kann die Maschine auch von der Spielleitung zusammengebaut werden.

19.2 Darstellende Spiele mit Musik

Gruppierung: 8 und mehr Kinder

Material: —

Musiktip: —

Musik-Tanz-Spielekartei
Spielwerkstatt Rhinozeros
und Ökotopia

Maschinenspektakel

In Kleingruppen zu je 4 Kindern soll versucht werden, eine gemeinsame Maschine nur mit den Körpern der Kinder und mit Geräuschen darzustellen. Dabei gibt die Spielleitung zu Anfang vor, welche Maschinen von den jeweiligen Gruppen dargestellt werden sollen.
Hier einige Möglichkeiten: Mixer, Waschmaschine, Hubschrauber, Eierkocher, Kreissäge, Bohrmaschine, Staubsauger.
Die Spielleitung, am besten sogar mehrere Erwachsene, sollten den Kindern einige Hilfestellungen geben.
Nach einer kurzen Probezeit stellt jede Gruppe ihre Maschine dar. Die übrigen Kinder müssen raten, um welche Maschine es sich handelt.

Anmerkung: Dieses Spiel eignet sich eher für Kinder im Grundschulalter.

19.3 Darstellende Spiele mit Musik

Großstadttöne

Gruppierung: 12 und mehr Kinder

Material: Große Pappe oder Tapetenrest, Stifte

Musiktip: —

Gemeinsam mit den Kindern wird überlegt, welche Geräusche es in einer Großstadt gibt. Die genannten Großstadtgeräusche werden auf Pappe oder Tapete gemalt oder geschrieben. (je nach Alter der Kinder).
Mögliche Geräusche sind: ein abfahrender Zug, Autos im Straßenverkehr, ein klingendes Fahrrad, die Feuerwehr, die Müllabfuhr, ein landendes Flugzeug, eine Baustelle, Geräusche im Fußballstadion, spielende Kinder usw. Die Geräusche werden nun auf einzelne Kinder oder Kindergruppen verteilt und mit diesen kurz einstudiert. Gleichzeitig versuchen die Kinder, den Gegenstand darzustellen.
Auf ein Startzeichen hin stellen alle gemeinsam ihren Gegenstand dar und machen die entsprechenden Geräusche dazu. Eine Großstadt entsteht.
Anschließend ist ein Gespräch mit den Kindern über diese Großstadt möglich.

19.4 **Darstellende Spiele mit Musik**

Zirkusmanege

Gruppierung: 10 und mehr Kinder

Material: Tesa-Krepp, verschiedene Verkleidungsutensilien, Schminke

Musiktip: unterschiedliche Musikstücke

Mit Tesa-Krepp wird eine Zirkusmanege (z.B. ein großes Achteck) auf den Boden des Raumes geklebt. In ihr wird gleich der große Zirkus seinen Auftritt haben.
Die Kinder werden in Kleingruppen eingeteilt. Da gibt es Artisten, Clowns, tanzende Zirkuspferde, SeiltänzerInnen, wilde Löwen, Jongleure etc.
Zu jeder Gruppe hat die Spielleitung eine geeignete Musik ausgewählt. Die erste Nummer wird vom Zirkusdirektor oder der Zirkusdirektorin angekündigt. (Spielleitung) Die Artisten betreten die Manege. Die anderen Kinder setzen sich als Zuschauer im Kreis um die Manege auf den Boden. Mit Applaus werden die Artisten begrüßt und dürfen nun zur Musik spontan, ihre natürlich nicht perfekte artistische Nummer darbieten. Mit Applaus werden sie verabschiedet und die nächste Gruppe betritt die Manege.
Mit Verkleidungsutensilien und Schminke für die KünstlerInnen läßt sich der Zirkus noch schöner gestalten.
Anmerkung: Die Spielleitung sollte den Kindern dabei Hilfestellungen und TIps geben.

19.5 Darstellende Spiele mit Musik

Der Zoo tanzt

Gruppierung: 10 und mehr Kinder

Material: Verschiedene Instrumente (z.B. Rasseln, Kazoos, Trommeln etc.)

Musiktip: —

Die Kinder werden in zwei Gruppen eingeteilt. Eine Gruppe bekommt verschiedene Instrumente, z.B. Flöten, Rasseln, Kazoos, Trommeln o.ä . Die andere Gruppe ist die Spielgruppe, die tanzende Tiere im Zoo darstellen soll.
Die Spielleitung erzählt die Geschichte eines Zoobesuches. Beim Rundgang durch den Zoo werden für jede Tiergruppe/jedes Tier verschiedene Geräusche überlegt und von der Instrumentengruppe geprobt; z.B. der Elefant tanzt, sobald er die Trommeln hört, die Flamingos hüpfen aufgeregt auf einem Bein zum Flötenspiel.
Und endlich ist es soweit.
Rosa, das Nilpferd wird 100 Jahre alt und hat zum Fest geladen. Nacheinander kommen die verschiedenen Tiere, um Rosa ihr Tänzchen zu zeigen.
Es wird also parallel erzählt, die Instrumentengruppe spielt und die Spielgruppe tanzt dazu.

19.6 Darstellende Spiele mit Musik

Die tanzende Kaffeekanne

Gruppierung: 10 und mehr Kinder

Material: verschiedene, unterschiedliche Requisiten (z.B. Kaffeekanne, Besen, Hüte, Tücher , Klobürste, Regenschirm, Kochtopf, Handspiegel etc.)

Musiktip: unterschiedlichste Musik (vom Kinderlied bis zum getragenen Walzer)

Die Kinder sitzen im Kreis auf dem Boden. Die Spielleitung hat vorab in eine Kreishälfte unterschiedliche Requisiten gelegt. (siehe: Material)
Die Kinder haben nun die Möglichkeit, eines der Requisiten zu nehmen und damit in der freien Kreishälfte ein Tänzchen oder eine Darstellung zu wagen. Hat ein Kind begonnen, kann ein anderes hinzukommen (insg. max. 5 Kinder). Es tanzt wiederum mit einem anderen, ausgesuchten Gegenstand, entweder für sich alleine oder kontaktaufnehmend mit dem schon tanzenden Kind. So entstehen kleine tänzerische und darstellende Geschichten. Haben die tanzenden Kinder bzw. ein tanzendes Kind keine Ideen mehr, legen sie das Requisit zurück und setzen sich in den Kreis. Die Spielleitung sollte selbst mit dem Requisitentanz beginnen.

Anmerkung: Der „Requisitentanz“ ist gedacht für Kinder ab 6 Jahren mit Tanz und Bewegungserfahrung, nur zuschauen ist auch erlaubt!

19.7 **Darstellende Spiele mit Musik**

Traumtänzer

Gruppierung: 10 und mehr Kinder

Material: —

Musiktip: langsame sowie schnelle Musik (z.B. A. Vollenweider u. Trommelmusik)

Die Spielleitung unterhält sich vorab mit den Kindern über ihre Träume. Und bestimmt ist mal etwas geträumt worden, daß man zur Musik den anderen kurz vortanzen kann. Jedes Kind, das etwas darstellen will, sagt der Spielleitung vorher, ob es dazu langsame oder eher schnelle Musik benötigt.
Beispiel: Ein Traum vom Fliegen wird tänzerisch dargestellt zu langsamer Musik, eine „wilde Verfolgungsjagd" wird zu schneller Musik getanzt.
Hat ein Kind etwas geträumt, was es nicht alleine tanzen kann, flüstert es einem anderen Kind den Traum ins Ohr und nun versuchen zwei oder auch mehrere Kinder das Geträumte im Tanz darzustellen.

Anmerkung: Dieses darstellende Tanzspiel ist nur für tanzgeübte Schulkinder geeignet.

19.8 Darstellende Spiele mit Musik

Eisrevue

Gruppierung: 14 Kinder und mehr

Material: —

Musiktip: langsame, klassische Musik (z.B. langsamer Walzer, Bolero, Klaviermusik v. Chopin)

Jedes Kind sucht sich ein anderes Kind, sodaß viele Paare zusammenstehen.
Die Spielleitung spielt nun langsame Musik ein. Sie erzählt den Kindern, sie wären auf einer großen Eisrevue in einer riesigen Eishalle.
Die Kinderpaare sollen sich wie Eislaufpaare tänzerisch zur Musik bewegen. Doch wie bewegt man sich auf dem Eis?

Anmerkung: Dieses Spiel ist vorwiegend für SchulanfängerInnen geeignet.

20. Orchester

In dieser Rubrik stellen wir nun die unterschiedlichsten Möglichkeiten vor, ein Orchester zu inszenieren.
Mal stumm, mal laut und bewegt, mal mit und ohne Requisiten, bringen die „Orchesterspiele“ jeweils eine gemeinsame, aus vielen einzelnen Elementen bestehende, kleine Aufführung zustande.
Dabei geht es oft darum, einzelne Instrumente kennenzulernen, aber auch Rhythmusgefühl und der passende Einsatz jeder Kindergruppe sind hier gefragt.
Los geht’s, mit Pauken und Trompeten!

20.1 Orchester

Gruppierung: 10 und mehr Kinder

Material: 1 Stuhl

Musiktip: —

Musik-Tanz-Spielekartei Spielwerkstatt Rhinozeros und Ökotopia

Stummes Konzert

Wir sind geladen zu einem Konzert, bei dem kein Wort zu hören, aber viel zu sehen ist.
Die Spielleitung teilt die Gruppe in mehrere Untergruppen. Es soll ein großes Konzert veranstaltet werden. Folgende Instrumente sind beteiligt: zwei Pauken, mehrere Geigen, eine Querflöte, ein Contrabass, mehrere Trompeten, zwei Klarinetten, einige Gitarren, eine Triangel, eine Harfe. Außerdem „singt" ein gewaltiger Chor und zwei SolosängerInnen. Ein kleiner Dirigent auf einem großen Stuhl leitet das Konzert. Die Spielleitung verteilt pantomimisch die verschiedenen Instrumente an die Kinder, das „Orchester" stellt sich auf. Jede Gruppe probt nun die Darstellung. Ein Kind ist DirigentIn und steigt auf den Stuhl. In der Hand hält es ebenfalls pantomimisch den Dirigentenstab. Und los geht's. Der/die DirigentIn eröffnet das Konzert. Die Pauken beginnen, es folgen die Geigen, die Flöten, der Chor singt aus vollem Hals, die Solisten singen mit weit aufgerissenen Augen.
Doch bald wird das Orchester müde und alle schlafen ein.

Anmerkung: Besonders geeignet für Kinder ab 6 Jahre.

20.2 Orchester

Orchesterproben

Gruppierung: 10 und mehr Kinder

Material: selbstgebaute oder Orffsche Instrumente

Musiktip: —

Die Kinder werden in zwei Gruppen eingeteilt. Jedes Kind erhält ein Instrument. Die beiden Orchester üben zunächst jede Gruppe für sich eine kurze Klang- und Instrumentenfolge ein, die sich ständig wiederholt. Es kann natürlich auch ein kurzes Lied einstudiert werden. Anschließend stellen sich die beiden Orchester in zwei Reihen mit den Gesichtern zueinander auf, ungefähr im Abstand von 2 Metern.
Auf ein Startzeichen beginnen die beiden Orchester gleichzeitig mit ihren Orchesterproben. Dabei versucht jede Gruppe, möglichst lange ihre Melodie zu halten und sich nicht vom anderen Orchester stören zu lassen.
Wer wird wohl als erstes die Orchesterprobe abbrechen?

20.3 Orchester

Zeitungsmusik I

Gruppierung: 7-25 Kinder

Material: Tageszeitungen, Tambourin oder Glocke

Musiktip: —

Jedes Kind nimmt sich eine Zeitung und probiert für sich unterschiedliche Geräusche aus, die es damit produzieren kann.
Haben die Kinder genügend probiert, machen sie alle durcheinander mit den Geräuschen weiter. Die Spielleitung gibt ein Signal mit einem Tambourin o.a. ab, alle verstummen. Eines der Kinder wird aufgerufen, welches nun seine Geräusche vormacht. Beim nächsten Signal machen alle wieder Geräusche. Dann wird ein anderes Kind aufgerufen, bis alle einmal dran waren.

20.4 **Orchester**

Zeitungsmusik II

Gruppierung: 7-15 Kinder

Material: Tageszeitungen

Musiktip: —

Alle stehen im Kreis zusammen und haben eine Zeitung in der Hand. In der Mitte des Kreises liegen weitere Zeitungen bereit.
Nun beginnt die Spielleitung mit der Zeitung ein kurzes Geräusch zu erzeugen (siehe: Zeitungsmusik I). Das Kind rechts neben der Spielleitung ahmt dieses Geräusch nach, gibt es nach rechts weiter u.s.w., bis schließlich das Zeitungsgeräusch wieder bei der Spielleitung angekommen ist.
Dann beginnt ein Kind mit einem anderen Geräusch, das rechts herum wandert. Alle Kinder sollen einmal ein neues Geräusch in den Kreis gegeben haben.

Anmerkung:
Zwischendurch ist es nötig, daß die Kinder sich eine neue Zeitung aus der Mitte nehmen.
Die Zeitungsmusik soll möglichst schnell im Kreis herumwandern. Dann wird es spannender.

20.5 Orchester

Zeitungsmusik III

Gruppierung: mindestens 12 und mehr Kinder

Material: Tageszeitungen

Musiktip: —

Zu diesem Spiel werden 3 oder 4 Orchestergruppen gebildet. Jede Gruppe probiert eine gemeinsame Zeitungsmusik für das große Zeitungsorchester ein.
Nach der Probe stellen sich die einzelnen Gruppen eng beieinander um den Dirigenten herum auf. Der/die DirigentIn hat sich aus einem Blatt Zeitung einen Taktstock gerollt.
Die Instrumente werden kurz gestimmt und dann beginnt das Konzert. Der/die DirigentIn deutet nach Belieben an, welche Gruppe laut oder leise spielen soll.

20.6 Orchester

Gruppierung: 6 und mehr Kinder

Material: einige, unterschiedliche Instrumente wie: Trommel, Rassel, Glocke, Klangstäbe o.ä.

Musiktip: —

Instrument und Bewegung I

Die Spielleitung stellt den Kindern verschiedene Instrumente vor. Zu jedem Instrument gibt es eine entsprechende Übung, die gemeinsam einstudiert wird:

Trommel = wir stampfen mit den Füßen auf der Stelle
Klangstäbe = wir schütteln uns vom Kopf bis zu den Fußspitzen
Glocke = wir pendeln wie eine große Glocke hin und her
Rassel = wir hüpfen von einem auf das andere Bein und schnippen dabei mit den Fingern
Nun kann das Spiel beginnen. Die Spielleitung spielt verschiedene Instrumente, zunächst langsam, dann immer schneller wechselnd an. Die Kinder müssen schnell mit der entsprechenden Bewegung reagieren.
Nach einiger Zeit darf ein Kind die Rolle der Spielleitung übernehmen.

**Musik-Tanz-Spielekartei
Spielwerkstatt Rhinozeros
und Ökotopia**

20.7 Orchester

Instrument und Bewegung II

Gruppierung: 6 und mehr Kinder

Material: verschiedene, unterschiedliche Instrumente (siehe: Orchester Spiel 6)

Musiktip: schnelle, rhythmische Musik

Die einstudierten Bewegungen (siehe Spiel 6) wollen wir nun mit einem Tanzspiel verbinden.
Es wird eine schnelle Musik eingespielt, zu der sich die Kinder frei im Raum bewegen. Irgendwann unterbricht die Spielleitung die Musik und spielt ein Instrument an. Schnell müssen die Kinder die entsprechende Bewegung dazu machen.
Nach einer gewissen Übung sollten die Instrumente schnell hintereinander gewechselt werden.

Anmerkung: Die Instrumente können auch schon vorher in ein Musikstück hinein aufgenommen werden. Dies ist noch schwerer, da die Kinder die Instrumente dann nicht sehen, sondern nur auf die Musik achten müssen.

20.8 Orchester

Gewitterdirigent

Gruppierung: 10 und mehr Kinder

Material: Handtrommeln, evtl. auch Blechdosen

Musiktip: —

Die Spielleitung teilt die Gesamtgruppe in vier Kleingruppen auf. Alle Gruppen zusammen sollen ein Gewitter mit Hilfe von Trommeln, Geräuschen, Bewegungen und „Körperinstrumenten" spielen.
Es gibt folgende Gruppen: Gruppe I — Blitz / Gruppe II — Donner / Gruppe III — Regen / Gruppe IV — Wind
Der/die GewitterdirigentIn überlegt gemeinsam mit den Untergruppen, wie die jeweiligen Aufgaben gestaltet werden können, z.B. die „Blitzgruppe" steht eng zusammen und bewegt schnell und kraftvoll Arme und Beine. Die „Donnergruppe" hockt am Boden und klopft mit den Händen und Füßen auf den Fußboden. Die „Regengruppe" läßt es langsam regnen. Fingerspitzen klopfen zuerst leise auf Handtrommeln oder Blechdosen, klopfen leise und lauter. Die „Windgruppe" steht dicht zusammen, bewegt sich mit erhobenen Armen hin und her und pustet laut dazu. Sind die thematischen Aufgaben gelöst, kann es losgehen. Der/die GewitterdirigentIn stellt sich vor die Gruppe und deutet im Wechsel auf die einzelnen Gruppen, die ihren Gewitterpart spielen.
Allmählich zieht das Gewitter vorbei.

21. Wir komponieren

In dieser Rubrik finden Sie „musikalische Kompositionen“, ohne dabei etwa z.B. auf eine „echte“ Partitur zu stoßen.
Was steckt also hier hinter dem Begriff „Kompositionen“, wenn der übliche Sinn nicht zutrifft?
Sie finden bekannte Melodien mit unbekannten Texten, — ein Reimlied zum selber fertigmachen und eine „Tapetenpartitur“. Die genannten Rubrikenelemente sollen zum kreativen Ausgestalten animieren. Die „alten“ Lieder mit neuen Texten geben der Kindergruppe in vielfältiger Hinsicht die Gelegenheit zum musikalischen Tun. Da werden SängerInnen benötigt, Kinder, die die einzelnen Strophen im Spiel darstellen und oft ist dabei auch der Einsatz von Instrumenten möglich.
Das Reimlied am Ende der Rubrik ist dann der geeignete Abschluß für die „fortgeschrittenen, komponierenden“ Kinder (und Erwachsenen).

21.1 **Wir komponieren**

Gruppierung: 15 Kinder und mehr

Material: Tapetenrolle

Musiktip: —

Tapetenpartitur

An einer Wand im Gruppenraum wird ein langes Stück Tapetenrolle befestigt. Bevor darauf nun die neu erdachten „musikalischen Zeichen und Malereien" festgehalten werden, überlegt die Spielleitung zusammen mit den Kindern, welche körpereigenen Instrumente, Bewegungen und kurze Lieder als Bild aufgemalt werden können.

Beispiele:
Eine gemalte Hand als Zeichen dafür, daß alle Kinder in die Hände klatschen sollen. Ein gemalter Fuß bedeutet, alle Kinder stampfen mit den Füßen auf den Boden. Ein stehendes Kind mit erhobenen Armen bedeutet, daß alle Kinder aufstehen und sich auf der Stelle drehen sollen. Ein Gesicht mit offenem Mund bedeutet, daß alle schnell gemeinsam ein Lied singen müssen. Jede Betätigung, ob klatschen, stampfen o.ä. dauert 4 Takte. Die Zeichen werden hintereinander, wie auf einer Notenpartitur vermerkt; die Länge der Tapetenpartitur ist beliebig. Es können laufend neue Zeichen und Malereien hinzukommen.

21.2 Wir komponieren

Gruppierung: 20 Kinder und mehr

Material: Verschiedene Verkleidungsutensilien (z.B. Mütze, Gummistiefel, Eimer, Besen, Schal, Mantel etc.), Bastelmaterial: Kreppapier, Styroporeier

Musiktip: —

Musik-Tanz-Spielekartei Spielwerkstatt Rhinozeros und Ökotopia

Früh morgens, wenn es hell wird

Zur Musik von „Ich bin ein dicker Tanzbär“ wird folgendes Singspiellied von einer Kindergruppe gesungen. Eine weitere Gruppe von Kindern spielt dazu. Beides muß vorab mehrmals mit der Spielleitung geprobt werden.
Der Text:
1) Früh morgens, wenn es hell wird / kommt der Bauer aus dem Haus
seine Mütze sitzt noch falsch rum, / und er sieht ganz müde aus.
//Ist hier zum Schlafen keine Ruh? / schreit da schon die dickste Kuh//

2) Im Stall hinter einer Leine, / warten 36 Schweine,
warten lang schon auf ihr Fressen, / hat der Bauer sie vergessen?
//Ja, sie darf zuerst an's Futter / Pia, unsere Ferkelmutter.//

3) Und die Bäu'rin schafft mit Mühe, / auf die Weide alle Kühe.
Schwarze, weiße und 'ne braune, / die hat heute gute Laune.
//Sitzt den ganzen Tag mit Wonne / in der prallen Sommersonne.//

21.3 **Wir komponieren**

Gruppierung: 20 Kinder und mehr

Material: siehe Spiel 1

Musiktip: —

Musik-Tanz-Spielekartei Spielwerkstatt Rhinozeros und Ökotopia

Früh morgens, wenn es hell wird II

4) Auch die Hühner dort am Weiher / legen große, braune Eier.
Selbst das Küken, da das gelbe, / versucht mit großer Kraft dasselbe.
//:In einem langen Hühnerleben, / legt man viele Eier eben.://

5) Hoch oben auf dem Traktor / sitzt Renate, das Bauernkind.
Ihre langen, schwarzen Zöpfe / wackeln hin und her im Wind.
//:Mama, darf ich auch mal lenken, / kann dir dafür 'ne Möhre schenken.://

6) Wird es Abend sitzt die Katze, / im alten Schuppen auf der Matratze.
Woher kommen die Gerüche? / Ich glaub' da vorne aus der Küche.
//:Werde mich ein bißchen recken / und dann an dem Milchtopf schlecken.://

7) Wollt' der Bauer grad in's Bette, / jault der Hofhund an der Kette.
Ist im Kuhmist eingesunken, / hat noch nie so schlimm gestunken.
//:Ja da hat tief in der Nacht, / der Bauer wirklich sehr gelacht://

21.4 Wir komponieren

„Kommt mal her...(1)“

Gruppierung: 10 Kinder und mehr

Material: Bastelmaterial (beliebig)

Musiktip: —

Zur Melodie des bekannten Liedes: „Grün, grün, grün sind alle meine Kleider...“ wird folgender Text gesungen. Das Lied eignet sich, als Singspiellied mit Hilfe verschiedener Bastelmaterialien gespielt zu werden.

1) Kommt mal her und seht, was ich hier mache,
Kommt mal her und schaut Euch das hier an.
//: In unserem Keller sitzt ein roter Drache,
den man mit dem Löffel füttern kann.://

2) Kommt mal her und setzt Euch auf die Bänke,
Kommt mal her und seid einmal ganz still.
//: In unserer Wohnung wackeln alle Schränke,
weil der Hausgeist Kuchen haben will.://

3) Kommt mal her und hüpft auf einem Beine,
Kommt mal her, das kann doch jedes Kind.
//: In unserem Garten steht auf der Wäscheleine,
der kleine Gartenzwerg und tanzt mit dem Wind.://

21.5 Wir komponieren

„Kommt mal her..(2)“

Gruppierung: siehe Spielkarte 1

Material: siehe Spielkarte 1

Musiktip: -

4) Kommt mal her und dreht Euch jetzt im Kreise,
Kommt mal her jetzt halten alle an.
//: In unserer Küche schleicht sich ganz still und leise,
ein gelber Bär aus Afrika an den Honig ran.://

5) Kommt mal her, wir klatschen in die Hände,
Kommt mal her, hier gibt es was zu seh'n.
//: In meinem Zimmer biegen sich die Wände,
weil grüne Elefanten darin spazieren geh'n.://

Musik-Tanz-Spielekartei Spielwerkstatt Rhinozeros und Ökotopia

21.6 Wir komponieren

Gruppierung: 15 Kinder und mehr

Material: Bastelmaterial beliebig, Instrumente beliebig

Musiktip: —

Musik-Tanz-Spielekartei Spielwerkstatt Rhinozeros und Ökotopia

Wir fahren heute in den Zoo (1)

Dieses Singspiellied eignet sich besonders dann, wenn ein Zoobesuch geplant ist. Wie in den vorangegangenen Singspielen wird die Gruppe in eine Sing-, und eine Spielgruppe aufgeteilt. Die Spielgruppe erstellt vorab Kostüme und Requisiten. Die Singgruppe kann ihren Vortrag durch einige wenige Instrumente, z.B. Trommel, Rassel, Pfeife etc. unterstützen. Zur Melodie von: „Und wer im März geboren ist, tritt ein, tritt ein, tritt ein“ wird folgender Text gesungen:

1) Wir fahren heute in den Zoo, steh' auf, komm' mit, mach' schnell.
Das Nashorn ist bestimmt schon wach, denn draußen ist's schon hell.
In die Strümpfe, in die Schuhe und los fahren wir.
In die Strümpfe, in die Schuhe heut' bleibt keiner hier.
Wir fahren heute in den Zoo...

2) Vorne, an dem kleinen Haus, nun bleiben wir mal steh'n.
Da will die Frau mit dem roten Haar die Eintrittskarten seh'n.
Und der Oskar und die Lise, die dürfen schon geh'n.
Und der Oskar und die Lise wollen Flußpferde seh'n.
Vorne, an dem kleinen Haus...

3) Zwei dicke Bären streiten sich, da hinten in dem Sand.
Doch gehen wir noch näher ran, will ich an deine Hand.

21.7 Wir komponieren

Gruppierung: 15 Kinder und mehr

Material: siehe erste Spielkarte

Musiktip: —

Musik-Tanz-Spielekartei
Spielwerkstatt Rhinozeros
und Ökotopia

Wir fahren heute in den Zoo (2)

Und jetzt springen sie ins Wasser und es gibt einen Knall.
Und jetzt springen sie ins Wasser und es spritzt überall.
Zwei dicke Bären streiten sich...
4) Ein alter Löwe riesengroß mit seiner langen Mähne.
Der zeigt uns, wenn er gähnen muß, so gerne seine Zähne.
Und nun geht er in die Sonne, und er liegt da ganz still.
Und nun geht er in die Sonne, weil er einschlafen will.
Ein alter Löwe riesengroß...
5) Im Affenhaus, da vorne links, da klatschen viele Leute.
der Affe mit dem gelben Schal, tanzt auf dem Seile heute.
Ist er fertig, gibt's Bananen, die er so gerne frißt.
Ist er fertig, gibt's Bananen, weil er ein Seiltänzer ist.
Im Affenhaus, da vorne links...
6) Nun stampfen Elefanten schwer, vorbei an Krokodilen.
Die gucken aus dem Wasser kurz und fangen an zu schielen.
Denn die großen Elefanten tröten laut durch den Zoo.
Denn die großen Elefanten rufen gerne mal so.
Nun stampfen Elefanten schwer...
7) Auf einer grünen Wiese hier, da essen wir jetzt Kuchen.
Die vielen Tiere hier im Zoo, die werden uns schon suchen.
Doch bald fahren wir nach Hause und da schlaf' ich schnell ein
Und ich träume, daß ich möchte mal ein Pinguin sein.
Auf der grünen Wiese...

21.8 Wir komponieren

Reim ein Lied!

Gruppierung: ab 5 Kinder

Material: evtl. einfache Instrumente

Musiktip: —

Die Spielleitung beginnt mit den Kindern Reimwörter zu finden. Die Kinder sitzen im Kreis, jemand sagt ein Wort, z.B. „Wald"; dann suchen alle nach Reimwörtern dazu und nennen sie: z.B. „kalt", „alt", „knallt" usw.
Das eigentliche Lied entsteht auf die Melodie der Weise: „Dornröschen war ein schönes Kind".
Die erste Strophe singt die Spielleitung vor:

„Wir komponieren uns ein Lied,
uns ein Lied,
uns ein Lied.
und alle helfen dabei mit,
dabei mit!"

Dieses Lied sollte etwas vom Erleben und dem aktuellen Geschehen der Spielgruppe handeln. Die Spielgruppe kann noch einige Beispiele geben und dann vor allem beim Reimen behilflich sein.
Das Lied kann anschließend gut mit einfachen Instrumenten begleitet werden.

22. Musikalische Spielreisen

Nun laden wir Sie ein, mit uns auf zwei musikalische Spielreisen zu gehen.
Mit Absicht fast ans Ende der Kartei gesetzt, stellen sie an Spielleitung und spielende Kinder höhere spielerische und musikalische Anforderungen.
Mehrere Spiele sind zu Spieleinheiten zusammengefaßt. Die Spiele sind nicht mehr als Einzelaktivität zu betrachten, sondern sind Teil einer musikalischen Spielgeschichte. Ein „roter Faden“ verbindet Musik-, Spiel-, und Tanzelemente; auch der Einsatz von Instrumenten ist gefragt. Die Spielgeschichte soll hierbei das gesamte musikalische Erleben von Kindern fördern und vertiefen.

22.1 Musikalische Spielreisen

Gruppierung: 10 und mehr Kinder (max. 25 Kinder)

Material: verschiedene Instrumente (z.B. Trommeln, Rasseln, Flöten, etc.), Verkleidungsutensilien, verpackte, kleine Geschenke, Schleier

Musiktip: unterschiedlichste Musik (siehe Text)—

Musik-Tanz-Spielekartei Spielwerkstatt Rhinozeros und Ökotopia

Die Froschhochzeit (1)

Der Frosch feiert Hochzeit und veranstaltet ein Fest.
Geladen sind:
Kröten aus dem Nachbarteich,
die schönsten Libellen der Umgebung,
einige Wasserratten,
ein Biber als Pastor,
viele Frösche aus dem Froschchor,
eine Seerose als Braut.

Nicht geladen sind: einige dicke Fliegen, ein Regenschauer.

Jedes Tier bzw. jede Tiergruppe bekommt eine eigene Erkennungsmelodie, z.B. der Frosch erscheint zum „Bolero" von Ravel, die Libellen zum Walzer von Strauß, die Wasserratten zur Tangomusik u.s.w. Die oben genannten Spielfiguren werden unter den Kindern aufgeteilt. Es gibt folgende Gruppierungen:
Kröten, Libellen, Wasserratten, Frösche, Fliegen, eine Regenschauergruppe, den Bräutigam, den Biber, die Seerose.

22.2 **Musikalische Spielreisen**

Die Froschhochzeit (2)

Gruppierung: siehe Spielkarte 1

Material: siehe Spielkarte 1

Musiktip: siehe Spielkarte 1

Zur Rolle werden nun entsprechende Bewegungen eingeübt, z.B. der Frosch hüpft zur Musik durch den Raum, die Libellen umkreisen mit weit geöffneten Armen den Frosch, die Wasserratten glotzen zur Musik aus einer bestimmten Ecke des Raumes, die Seerose schaukelt zur Musik auf dem Wasser und bewundert sich im Spiegel, der Biber läuft aufgeregt hin und her u.s.w. Zu den Bewegungen werden außerdem Geräusche zugeordnet. Der Frosch quakt, die Libellen surren, die Wasserratten quieken leise, die Seerose, — geräuschlos, schaut gespannt umher, der Biber murmelt leise.

Bevor es nun losgeht, werden die Figuren mit Kreppapier und Verkleidungsutensilien verwandelt. Eine „Hochzeitsmusik“ (beliebig, aber feierlich!) eröffnet das Fest. Der Frosch führt eine Polonaise an, alle Kinder folgen ihm jeweils in ihrer Rolle. Während sich die ersten PolonaisetänzerInnen schon wieder im Kreis auf den Boden setzen, erscheinen nun in nachstehender Reihenfolge:

22.3 **Musikalische Spielreisen**

Die Froschhochzeit (3)

Gruppierung: siehe Spielkarte 1

Material: siehe Spielkarte 1

Musiktip: siehe Spielkarte 1

- zuerst zur ausgesuchten Musik der Biber als Pastor; er bleibt vor dem Frosch stehen.
- neben dem Frosch, zur „Seerosenmusik“ wiegt sich die schöne Seerose im Wind und begutachtet ihren zukünftigen Froschmann.
- die „Libellenmusik“ löst die Seerosenserenade ab, es erscheinen die Libellen, die aufgeregt durch den Raum fliegen.
- zu einer langsamen, schwerfälligen Musik watscheln die Kröten heran und bringen Hochzeitsgeschenke.
- schließlich erscheinen die Wasserratten zur Musik, die extra gekommen sind, um den langen Schleier der Seerose zu halten, damit er nicht sofort naß wird.

Der Biberpastor bittet alle, sich zu erheben, da erklingt der Froschchor. In vielen unterschiedlichen Tonlagen hört man die Frösche quaken.

22.4 **Musikalische Spielreisen**

Die Froschhochzeit (4)

Gruppierung: siehe Spielkarte 1

Material: siehe Spielkarte 1

Musiktip: siehe Spielkarte 1

Als der Biber ansetzt, die schöne Seerose zu fragen, ob sie den nassen Frosch heiraten will, schwirren plötzlich aus allen Ecken die dicken Fliegen zur „Fliegenmusik“ um das Hochzeitspäarchen und versuchen, die Hochzeit zu stören. (Die Fliegen waren nicht geladen, weil sie die Hochzeitstorte schon fast in der Bäckerei aufgefressen hätten)
Alle Gäste fliegen, hüpfen und laufen aufgeregt durcheinander und rufen nach den Libellen. Diese kommen und verjagen die Fliegen sehr schnell, denn Fliegen mögen Libellen nicht besonders.
Anschließend werden der Frosch und die Seerose zur Musik schnell getraut. Und alle hätten so gerne noch bis in die Nacht getanzt, wenn da nicht dieser dumme Regenschauer dazwischen gekommen wäre. Der Regen wird so stark, daß alle Hochzeitsgäste schnell verschwinden. (Regenschauergruppe mit Trommeln und Rasseln)
Hinweis: Die Spielleitung sollte vorab ein Cassettenband mit der unterschiedlichen Musik, passend zur Spielabfolge hintereinander aufnehmen.

22.5 **Musikalische Spielreisen**

Gruppierung: 10 und mehr Kinder (max. 25 Kinder)

Material: verschiedene Instrumente (z.B. Rasseln, Trommeln, Tröten etc.), Verkleidungsutensilien, Bettlaken, Wandhaken, Kordel

Musiktip: unterschiedlichste Musik (siehe Text)

Musik-Tanz-Spielekartei Spielwerkstatt Rhinozeros und Ökotopia

Die phantastische Mondfahrt (1)

Ein zylinderförmig zusammengenähtes Bettlakengebilde aus mehreren Bettlaken ist die Mondfähre, die mit Haken unter der Zimmerdecke befestigt wird, — Tür und Sichtluken nicht vergessen! (siehe: Skizze am Ende des Textes).
Mit Hilfe der Verkleidungsutensilien verwandeln sich die Kinder in MondfahrerInnen. Im Innern der Mondfähre hängen unterschiedliche Instrumente, die die Fähre in Gang bringen und alle verschiedene Funktionen haben. Die Spielleitung erklärt die einzelnen Funktionen.
Spiel 1:

- beim Schlag auf die Handtrommel begrüßen sich alle MondfahrerInnen
- ertönt die Rassel, ist eine Luke undicht, alle Kinderhände müssen eine Luke zuhalten.
- beim Flötenspiel wird das Raumschiff von innen pantomimisch geputzt.
- ertönt die Tröte, bedeutet das „Alarm“; alle schnell eng zusammen auf den Boden setzen.

Instrumente und Aufgaben sind beliebig erweiterbar.

22.6 **Musikalische Spielreisen**

Gruppierung: siehe Spielkarte 1

Material: siehe Spielkarte 1

Musiktip: siehe Spielkarte 1

Die phantastische Mondfahrt (2)

Spiel 2:
Die Mondfähre wird nun gestartet. Alle Kinder klopfen mit ihren Handflächen auf den Boden und zählen dabei bis „10". Bei „10" startet das Raumschiff und alle purzeln durcheinander.

Spiel 3:
Zu einer langsamen Musik bewegen sich die Kinder in Zeitlupe durch das Raumschiff; manche können sogar fliegen, oder?

Spiel 4:
Durch die Luken können wir in's Weltall schauen. Doch draußen ist alles dunkel. (die Kinder schließen die Augen) Die Spielleitung tippt einem Kind auf den Rücken. Dieses verläßt leise das Raumschiff und singt, ohne daß die anderen Kinder es sehen können, eine Melodie. Wer war denn das? Gibt es den „Mann im Mond" wirklich? Alle Kinder raten, wer da singt. Das Spiel wird mehrmals wiederholt.

22.7 Musikalische Spielreisen

Gruppierung: siehe Spielkarte 1

Material: siehe Spielkarte 1

Musiktip: siehe Spielkarte 1

Musik-Tanz-Spielekartei Spielwerkstatt Rhinozeros und Ökotopia

Die phantastische Mondfahrt (3)

Spiel 5:
Das Raumschiff will nicht weiterfliegen. Schnell wird mit Geräuschen ein Hilfsmotor erfunden. In Kleingruppen singen die Kinder z.B." rattatatta, hui, hui, klong, klong, zisch, zisch, boing, boing.."

Spiel 6:
Endlich sind wir angekommen. Der Vollmond ist riesig groß. Zur Musik (beliebig) tanzen alle Kinder mit großen Bewegungen. Da geht die Musik allmählich aus und aus dem Vollmond wird ein Halbmond., d.h. alle Kinder stellen sich so eng wie möglich zusammen.

Spiel 7:
Die Nacht ist vorbei und wir fliegen schnell zurück und singen dabei zur Melodie von „Alle meine Enten.." folgendes Lied:
„Schöner Mond wir fliegen alle jetzt zurück, alle jetzt zurück, denn zu unserer Erde ist es noch ein Stück. Sind wir angekommen, sehen wir dich Mond, sehen wir dich Mond. Und denken an die Reise, die Fahrt hat sich gelohnt."

22.8 Musikalische Spielreisen

Die phantastische Mondfahrt (4)

Gruppierung: —

Material: —

Musiktip: —

Musik-Tanz-Spielekartei
Spielwerkstatt Rhinozeros
und Ökotopia

23. Musikalische Fertiggerichte

Auf zum Finale, es darf gemixt werden!
Aus allen Rubriken der Kartei sind Spiele ausgewählt worden, die inhaltlich/thematisch aneinandergereiht werden können. Beispiele von Spielzusammenfassungen, Möglichkeiten von „Spielreisen zum selbermachen“, denen lediglich der „rote Faden“ fehlt. Wir bieten Grundrezepte für“musikalische Fertiggerichte“, die noch „gewürzt“ werden müssen!

Zum Umgang mit „Fertiggerichten“

Die beschriebenen 7 „Fertiggerichte“, die jeweils unter ein bestimmtes Thema gestellt sind, enthalten Spiele aus allen Rubriken, die zu einer möglichen Spielkette/Spielgeschichte zusammengefaßt wurden.
Die jeweilige Spielkette eignet sich z.B. für eine fest bestehende Tanzgruppe im Kindergarten oder in der Schule.
Überlegen Sie, mit welchem „Fertiggericht“ Sie mit Ihrer Gruppe beginnen wollen. Die Spiele sind so hintereinandergereiht, daß sie vom Schwierigkeitsgrad eine allmähliche Steigerung beinhalten. Schauen Sie sich die einzelnen „Gerichte“ genau an, überlegen Sie dann, ob Sie der Kindergruppe dazu eine Geschichte erfinden (bei älteren Kindern sind gemeinsame Überlegungen möglich).
Und wenn Ihnen jetzt auch auf den ersten Blick alles wie „Kraut und Rüben“ erscheint, so werden Sie schnell merken, wie einfach unsere „Gerichte“ zuzubereiten sind.

Fertiggericht 1: „Vorsuppe“ (Anfangen und Einsteigen)

Für alle möglichen Spielgelegenheiten werden Anfangs-, Kennenlern- bzw. Einstiegsspiele benötigt. Das Fertiggericht „Vorsuppe“ schlägt aus dieser Spielekartei einige Spiele vor, die für eine Gruppe ab etwa 12 MitspielerInnen in Anfangssituationen geeignet sind. Wichtige Kriterien solcher Spiele sind: alle tun möglichst gleichzeitig etwas oder nacheinander das Gleiche; die Gruppenmitglieder haben während der Spiele viele unterschiedliche Kontakte zueinander; sie werden motiviert zum Weiterspielen.
Eine Anfangsspielrunde sollte nicht länger als eine Stunde dauern. Einige Spiele können grundsätzlich zu Beginn anderer Spielrunden eingesetzt werden.

Spiel Nr.:
- 7.5 Komm, tanz mit!
- 7.2 Murmeln
- 3.5 Wie gehst Du?
- 20.3 Zeitungsmusik I
- 20.4 Zeitungsmusik II
- 20.5 Zeitungsmusik III
- 9.2 Ich schicke einen Ton zu...
- 2.6 Kurven
- 2.1 Schütteltanz

Fertiggericht 2: „Erbsensuppe mit Einlage“ (Alltägliches)

Täglich sind Kinder mit unzähligen, neuen Eindrücken konfrontiert, die auf sie einwirken. Spiel dient ihnen dabei als Medium, diese Erfahrungen zu verarbeiten.
Alltägliches, ein musikalisches Fertiggericht rund um den Alltag unserer Kinder.
Die Spielkette ist mit maximal 20 Kindern durchführbar. Die Dauer ist abhängig davon, ob aus jedem Bereich alle Spiele gespielt werden oder nicht. Sie beträgt max. 3 Stunden.

Spiel Nr.:	4.6 Rote Karte (Thema: Verkehr)	
	3.7 Im Kaufhaus	
	7.2 Murmeln	(4 Spiele zum Thema: Orientierung/ Zuordnung von Gegenständen)
	8.5 Kreis oder Viereck?	
	8.3 Stock oder Hut?	
	8.4 Memory	
	14.1 Musik erzählt — ein Bild entsteht	(3 Spiele zum Thema: Umwelt-wahrnehmung)
	15.3 Klopfwanderung	
	19.3 Großstadttöne	
	4.2 Vom Bleistift zur Murmel	(4 Spiele zum Thema: Darstellung von alltäglichen Gegenständen)
	4.8 Die Schaukel	
	19.6 Die tanzende Kaffeekanne	
	15.2 Schaukelteller	

Fertiggericht 3: „Coque au vin“ (Tiere)

Nun eine Spielkette rund um's Thema „Tiere“. Die Spiele sind nach Schwierigkeitsgrad geordnet. Werden alle 12 Spielideen gespielt, ist mit einer Dauer von ca. 1,5 — 2 Stunden zu rechnen. Sie können jedoch auch nach Belieben kürzen, d.h. vorgeschlagene Spiele nicht einbeziehen. Bei der Auswahl wurde darauf geachtet, daß das Alter der Kinder und die Gruppengröße konstant ist. Benötigtes Material sowie Musik ist auf den einzelnen Spielkarten vermerkt.

Spiel Nr.:
- 3.4 Die Katze läuft dem Wollknäuel nach
- 7.1 Schlangentanz
- 5.1 Schlangenbeschwörung
- 8.2 Vogelscheuche
- 18.8 Hilfe, ein Floh!
- 12.4 Ein Bienenschwarm kommt
- 12.5 Tierstimmen-Zoo
- 19.5 Der Zoo tanzt
- 17.2 Löwendressur
- 13.8 Die Kuh schreit bei Blau
- 6.7 Vogelflug

evtl. 21.6 + 21.7 Wir fahren heute in den Zoo

Fertiggericht 4: „Cordon Bleu“ (Körper)

In diesem Fertiggericht geht es um das Thema „Körper“. Die Spiele handeln von Händen, Füßen, Beinen, Mundgeräuschen usw.
Da wäre z.B. die Geschichte des kleinen Flohs, der eine Reise über den menschlichen Körper macht und dort allerhand Neuheiten kennenlernt. Die Spielgruppe zeigt dem kleinen Floh, was sie mit ihren Körpern alles tun können. Die Spielkette ist ab ca. 25 Kinder spielbar und kann 60 bis 90 Minuten dauern. Sie ist schon für Kinder ab 3 Jahren geeignet.

Spiel Nr.:
- 2.1 Schütteltanz
- 2.7 Der Zauberer kommt
- 4.2 Vom Bleistift zur Murmel
- 6.3 Der verstopfte Schornstein
- 12.2 Ein Ton geht um
- 9.4 Ton und Bewegung
- 12.1 Mundorchester
- 13.6 Hände begrüßen Füße
- 13.7 Der Wecker läutet bei „Rot“
- 18.8 Hilfe, ein Floh!

Fertiggericht 5: „Himmel und Erde“ (Jahreszeiten)

Eine Spielreise durch die vier Jahreszeiten.
Angefangen im Frühjahr mit dem Spiel „Stuhlkreisel“, das in diesem Fall die erwachenden Blumen darstellt über Sommerspiele wie beispielsweise „Ebbe und Flut“, Herbstliches wie „Windstärke 10“ oder „Bewegter Himmel“ bis hin zu Winterspielen wie „Thermometer“, die den Kreis schließen. Der Winter wird dann noch zum Schluß der Spielkette mit einem „Musikalischen Umzug“ ausgetrieben.
Die Dauer beträgt ca. 1,5 Stunden. Es sollten mindestens 15 Kinder mitspielen.

Spiel Nr.:

- 7.6 Stuhlkreisel
- 2.5 Pusteblume
- 8.2 Vogelscheuche
- 20.8 Gewitterdirigent
- 14.1 Musik erzählt — ein Bild entsteht
- 15.8 Bewegter Himmel
- 3.3 Windstärke 10
- 4.5 Thermometer
- 2.1 Schütteltanz (= Zittertanz)
- 9.6 Musikalischer Umzug

Fertiggericht 6: „Chili con carne“ (Heimlich-Unheimliches)

Gespenster, der dunkle Wald, Nacht, Licht und Schatten, Träume, Gewitter... vieles scheinbar Unbegreifliche oder nicht Durchschaubare macht Angst und zieht uns gleichzeitig an. Dieses musikalische Fertiggericht gibt Kindern einen kleinen Geschmack von der Vielzahl des Unheimlichen um uns herum. Es bietet gleichzeitig die Möglichkeit, eigene Eindrücke und Erfahrungen im Spiel neu zu erleben und zu verarbeiten.

Die Spielkette dauert ca. 2,5 — 3 Stunden. Es sollten maximal 15 Kinder mitspielen.

Spiel Nr.:
8.6 Gespenstertanz
11.7 Gespenstergeräusche
12.8 Gespenster
17.3 Geisterstunde
12.6 Im Wald ist es dunkel
13.4 Schwarz und weiß
16.3 Lichter im Dunkeln
16.6 Schatten in der Nacht
16.8 Tag und Nacht
20.8 Gewitterdirigent

Fertiggericht 7: „Kraut und Rüben“ (Mixture)

Ein „Kostprobengericht“, das von jeder Rubrik einmal „naschen“ läßt. Diesmal ist kein Thema vorgegeben, es geht um typische Leckerbissen einzelner Rubriken. Die genannten Spiele sind auch hier wieder nur in eine mögliche Reihenfolge gesetzt worden. Variieren Sie nach Wunsch. Die geschätzte Dauer der Spielkette beträgt ca. 1,5 — 2 Stunden. Es sollten 15 und mehr Kinder mitspielen. Das Alter ist dabei beliebig.

Spiel Nr.:
- 2.1 Schütteltanz
- 5.8 Hüpf' in den Karton!
- 6.4 Kitzeltanz
- 7.2 Murmeln
- 8.3 Stock oder Hut?
- 9.7 Nanu, was war denn das?
- 10.1 Rasseln
- 12.3 Füße klettern den Berg hinauf
- 13.6 Hände begrüßen Füße
- 15.3 Klopfwanderung
- 17.3 Geisterstunde
- 18.2 Zauberschuhe
- 20.3 Zeitungsmusik I

Musiktips und Literaturempfehlungen

Im Anhang zu finden sind Literaturempfehlungen und Musiktips, mit denen die AutorInnen gute Erfahrungen in ihrer praktischen Arbeit gesammelt haben.

Zur Musik:
Grundsätzlich sind wir der Meinung, daß jede/r Spielleiter/in die Musik zu den Spielen selbst auswählen sollte. Deshalb geben wir zu einigen Spielen absichtlich keine Musiktips.
Die Tips, die wir dennoch geben, haben wir in sechs Gruppen versucht zu unterteilen, was jedoch nicht immer eindeutig ist, denn manche Musikstücke passen in mehrere Bereiche, manche sind schwer einzuordnen.

Zur Literatur:
Hier sind einige Bücher aufgeführt, die bestimmte Unterthemen der Kartei ergänzen und erweitern helfen können, wie z.B. zum Bau von einfachen Musikinstrumenten oder zum Herstellen von Masken.

Musikempfehlungen I: Klassik

— J.S. Bach: „Brandenburgische Konzerte 1. 2. 3. „
— L.v. Beethoven: „Die Pastorale; Symphonie Nr. 6“
— Mozart: „Eine kleine Nachtmusik“
— Ravel: „Bolero“
— J.v. Strauß: „Der Kaiserwalzer“; „Tritsch-Tratsch Polka“;„Annen-Polka“
— Smetana: „Die Moldau“
— Chopin: „Klavierstücke“
— Händel: „Wassermusik“
— Das Klavierstück aus dem Kinofilm „Diva“
— „Klarinettenquintette“ von Mozart und Telemann

Musikempfehlungen II: Schnelle, rhythmische Musik

— Guem & Zaka: „African Percussion“ (afrik. Trommelmusik)
— The Alan Parsons Projekt: „Eve“
— „The sound of John Ellis and his Highland Country Band, Vol.II“
— M. Müller-Westernhagen: „Mit Pfefferminz bin ich dein Prinz“
— Salsa Picante: „Sabrusita“
— Supertramp: „Crime of the Century“
— Lieder der Beatles (z.B. „Can't buy me love“; „Help“)
— Santa Esmeralda: „Don't let me be misunderstood“ (Lied)
— H. Grönemeyer: „Vollmond“ (Lied von der LP. „O“)
— H. Grönemeyer: „Männer“
— Fleetwood Mac: „Don't stop“ (Lied)
— van Halen: „Jump“ (Lied)
— Mary Kante: „Ye Ke Ye Ke“ (Lied)
— Guesch Patti: „Etienne“ (Lied)
— Joe Cocker: „Unchain my heart“ (Lied auf gleichnamiger LP)
— Gipsy Kings: „Bamboleo“ (Lied)
— G. Nannini: „Amerika“; Vieni Ragazzo“ „Latin Lover“ (Lieder)

Musikempfehlungen III:
Meditative Musik (langsam-getragen)

— Georg Deuter: „Call of the Unknown"
— Georg Deuter: „Ecstasy"
— Georg Deuter: „Aum"
— Georg Deuter: „Celebration"
— Georg Deuter: „Haleakala"
— Novalis: „Sommerabend"
— Novalis: „Brandung"
— Mike Oldfield: „Ommadown"
— Pink Floyd: „Meddle"
— Eberhard Schoener: „Meditation"
— Andreas Vollenweider: verschiedene LP's möglich;
— Kitaro: verschiedene LP's möglich;
— Neil Diamond: „Jonathan Livingston Seagull"
— Genesis: „Wind and Wuthering"
— Keith Jarrett: „Köln Concert"
— Dire Straits: „Brother's in arms" (Lied)
— Leonhard Cohen: „Suzanne" (Lied)
— Sting: „They dance alone" (Lied: LP: „Nothing like the sun")
— Phil Collins: „Take a look at me now" (Lied)
— Peter Gabriel: „Here comes the flood" (Lied)
— Procul Harum: „A whiter shade of pale" (Lied)

Musikempfehlungen IV: Leicht-beschwingte Musik

— A. Branduardi: „La pulce d'acqua"; „Alla fiera dell est" und andere Lieder v. der LP: „Concerto"
— Rondo Veneziano: verschiedene Lieder
— Marek & Vacek: verschiedene Lieder
— Ofra Haza: „Yemenite Songs"
— José Posada: „Colibri"; Fidula Fon 3067
— Comedian Harmonists: verschiedene Lieder
— Mike Oldfield: „Tubular bells"
— Werner Lämmerhirt: Gitarrenmusik
— Frank Sinatra: „Greatest Hits"
— Popcorn-Makers: „Popcorn" (Lied)
— Al Di Meola: „Mediteranean Sundance"; LP „Elegant Gypsy"
— Peter Gabriel: „Salisbury Hill" (Lied)
— Santana: „Greatest Hits"
— Terence Trent D'Arby: „Sign your name" (Lied)
— Chris Rea: „Josephine" (Lied)
— Them: „It's all over now Baby Blue" (Lied)
— Pink Floyd: „Wish you were here" (Lied auf gleichnamiger LP)
— Beatles: „Here comes the sun" (Lied)
— Udo Lindenberg: „Horizont" (Lied)
— Sally Oldfield: „Water bearer" (Lied)
— America: „Riverside" (Lied)

Musikempfehlungen V: Erzählende Musik

— Edvard Grieg: Peer-Gynt-Suiten 1 und 2
— Vivaldi: „Die vier Jahreszeiten“
— Smetana: „Die Moldau“
— Modest Mussorgsky: „Bilder einer Ausstellung“
— Krimimusik: Art of noise: „In no sense-nonsense“

Musikempfehlungen VI: Kindermusik

— H.v.Veen: „Die seltsamen Abenteuer des Hermann v. Veen“ mit Liedern wie: „Weg da“; „Gespenster-Tango“; „Sand, Sand.. „; „Warum hast du Angst?“
— „Tanzen in der Grundschule“ MC; Fidula-Verlag
— „Eins, zwei drei im Sauseschritt“
— „Anne Kaffeekanne“ F. Vahle (MC und Liederbuch)
— „Ich faß an meine Nase“; K. Heimann (Cassette)
— „Komm' wir spielen...“; Gruppe Kunterbunt (Cassette)
— „Menschenskinder“; Firlefanz; Pläne-Verlag

Literaturempfehlungen (1)

— „Klang- und Musikinstrumentekartei“; Päd. Kooperative Bremen
— „Mit Kindern basteln“ U.Widers-Kleinsorge
— „Vogelhochzeit“; R. Zuckowski (erhältl. im Ökotopia-Verlag)
— „Masken“; Englisch-Verlag, Wiesbaden 1991
— „Spiel- und Theateraktionen mit Kindern; W. Nold; Hugendubel-Verlag 1987
— „Tänze für die Gruppe“; AGB-Verlag, Heft und MC
— „Spielformen des Tanzens“; Verlag Modernes Lernen, Dortmund 1988
— „Das Musikbuch für Kinder“; D. Kreusch-Jacob; Ravensburger Verlag 1984
— „Pantomime für Kinder“; Pat Keysell; Ravensburger Verlag
— „Pantomime“; Kay Hamblin; Ahorn-Verlag

Literaturempfehlungen (2)

— „MINI-Spielekartei“; M. Beermann/W. Bort; Ökotopia-Verlag
— „Kinder-Spielekartei“; A.Breucker/U.Gerwin/P.Schüssler; Ökotopia-Verlag
— „Da ist der Bär los“; A. Breucker-Rubin; Ökotopia-Verlag
— „Narrentanz und Hexenreigen“; K.W. Hoffmann; Patmos-Verlag
— „Phantasievolles Schminken“; Y. u. H. Nadolny; Falken-Verlag

1. Wegweiser

1. Musik- und Tanz-Spielekartei —Was ist das?
2. Wer die Kartei geschrieben hat
3. Moni über Marlies — Marlies über Annette
4. Annette über Monika
5. Wie Ihr die Kartei benutzen könnt
6. Für wen ist diese Kartei geschrieben?
7. Rhinozeros: Bücher - Spiele - Ideen
8. Ökotopia Spielevertrieb und Verlag

CIP-Titelaufnahme der Deutschen Bibliothek
Beermann, Marlies:
Musik– + Tanz-Spielekartei : für Klingelgespenster und Hüpfflöhe /
von Marlies Beermann ; Annette Breucker ; Monika Gsella. Spielewerkstatt
Rhinozeros. - Münster : Ökotopia-Verl. 1992
ISBN 3-925169-33-4

2. Auflage 1992, 6.–8. Tsd.

1. Musik- und Tanz-Spielekartei — Was ist das?

Diese neue Spielekartei lädt EinsteigerInnen zum Tanzen und Musik machen ein!
Schon für Kinder ab 3 Jahren sind hier zahlreiche Ideen und Spielanregungen zusammengestellt.
Das Spielen mit der Musik und dem Tanz setzt keine künstlerische Ausbildung voraus. Denn hier geht es nicht um das Einstudieren fester Tanzformen zu speziellen Rhythmen.
Die Kartei bietet einen spielerischen Einstieg in musikalische und tänzerische Improvisationen ohne besondere Vorkenntnisse oder Vorbereitungen.

Angesprochen sind PraktikerInnen, die im musikalischen und tänzerischen Bereich kreativ sein wollen.

Wer die Kartei geschrieben hat